Florian Gerster

Zwischen Pazifismus und Verteidigung

Die Sicherheitspolitik der SPD

Nomos Verlagsgesellschaft
Baden-Baden

Die Deutsche Bibliothek – CIP-Einheitsaufnahme

Gerster, Florian:
Zwischen Pazifismus und Verteidigung: Die Sicherheitspolitik der SPD / Florian Gerster. – 1. Aufl. – Baden-Baden: Nomos Verl.-Ges., 1994
ISBN 3-7890-3659-5

1. Auflage 1994

Inhaltsverzeichnis

1. Anstelle eines Vorworts:

Eckhard Lübkemeier: Deutsche Sicherheit fünf Jahre danach

Fremde Vorworte sollen zur Lektüre eines Werkes anreizen. Gewöhnlich beschränken sie sich jedoch inhaltlich darauf, die zentralen Botschaften einer Monographie vorwegzunehmen. Solche Wiederholungen sollen dem Leser hier erspart bleiben. Anstelle eines Vorworts wird deshalb in diesem Beitrag versucht, das internationale Umfeld deutscher und sozialdemokratischer Sicherheitspolitik mit dem Ziel zu skizzieren, auf Florian Gersters Studie neugierig zu machen.

Am 9. November 1989 symbolisierte die Öffnung der Berliner Mauer das *Ende des Kalten Krieges*. Fast fünf Jahre danach verlassen die letzten Truppen der ehemaligen Sowjetarmee das vereinte Deutschland und Frankreich, Großbritannien und die USA geben ihre Truppenpräsenz in Berlin auf.

Die Maueröffnung kam über Nacht. Nicht nur in dem wörtlichen Sinne, daß sie spät abends erfolgte; fast niemand hatte mit ihr so schnell gerechnet (zur Erinnerung: Bundeskanzler Kohl trat am 9. November 1989 einen Polen-Besuch an, den er wegen der Maueröffnung unterbrach). Gleiches gilt für die Ost-West-Konfrontation: Auch ihr Abbau vollzog sich in den späten achtziger Jahren in einem Tempo, das unerwartet war. Aber was noch wichtiger war: Befürchtungen, daß der Kalte Krieg auf der östlichen Seite des Eisernen Vorhangs in einem Blutbad enden könnte, das von untergehenden Regimes angerichtet würde, traten nicht ein. Die sowjetischen Besatzungstruppen blieben in den Kasernen und signalisierten damit ihren "kommunistischen Waffenbrüdern", daß ihre Zeit abgelaufen war.

Die Rasanz der Entwicklung, die Erleichterung über ihren friedlichen Ausgang wie auch die langersehnte Befreiung von Unterdrückung und die damit verbundene Hoffnung auf eine rasche Verbesserung des Lebensstandards im früheren Ostblock erklären die *Euphorie* im Jahre Eins nach dem Kalten Krieg. Im November 1990 riefen die KSZE-Staats- und Regierungschefs in der "Charta von Paris für ein neues Europa" "ein neues Zeitalter der Demokratie, des Friedens und der Einheit" aus: "Nun ist die Zeit gekommen, in der sich die jahrzehntelang gehegten Hoffnungen und Erwartungen unserer Völker erfüllen: Unerschütterliches Bekenntnis zu einer auf Menschenrechten und Grundfreiheiten beruhenden Demokratie, Wohlstand durch wirtschaftliche Freiheit und soziale Gerechtigkeit und gleiche Sicherheit für alle unsere Länder." US-Präsident Bush sprach wenig später von einer "neuen Weltordnung", in der nicht Gewalt, sondern die Herrschaft des Rechts bestimmend sei.

So unvermittelt wie diese Euphorie aufflammte, so rasch wurde sie von der Wirklichkeit erstickt. In Europa brachen blutige ethno-nationale Konflikte auf, die in der Zeit des Ost-West-Antagonismus nicht gelöst, sondern nur zwangsbefriedet worden waren. Sicherheit und Stabilität innerhalb und zwischen den postkommunistischen Staaten sind bedroht durch die großen Opfer, die der doppelte Wandel von Diktatur zu Demokratie und von Planwirtschaft zu Marktwirtschaft den meisten Menschen abverlangt. Außerhalb Europas bleibt Krieg ein weitverbreitetes Mittel der Konfliktaustragung, genährt durch Verelendung, Unterdrückung, Ungerechtigkeiten und partieller Modernisierung, die sich auch im Erwerb moderner Waffentechnologie einschließlich nuklearer, chemischer und biologischer Fähigkeiten aus drückt. Die UNO ist nicht zu einer Weltfriedensinstanz geworden, vor allem weil die ständigen Sicherheitsratsmitglieder dazu weder den Willen noch das Einvernehmen aufbringen.

Vor diesem Hintergrund ist das Pendel zurückgeschwungen. Statt "neuer Weltordnung" ist nunmehr von *"neuer Weltunordnung"* die Rede. Zuweilen schwingt darin jedoch eine Nostalgie für die "Ordnung" des Kalten Krieges mit, die abwegig ist. Zweifellos hat die Möglichkeit der nuklearen Eskalation entscheidend dazu beigetragen, daß aus der amerikanisch-sowjetischen Rivalität kein dritter Weltkrieg geworden ist, und die gemeinsame kommunistische Bedrohung hat maßgeblich den westlichen und westeuropäischen Zusammenhalt gefördert.

Das waren jedoch keine originären Leistungen, sondern Beiprodukte der bipolaren Konfrontation, die riskant, brüchig und opferreich war. Risiko ist ein Produkt aus Eintrittswahrscheinlichkeit und möglichem Schaden, falls doch etwas passiert. Die Wahrscheinlichkeit, daß ein Ost-West-Krieg ausbrechen und nuklear geführt werden würde, tendierte - zumindest nachdem sich gewisse Verhaltensregeln herausgebildet hatten - gegen Null; das Risiko blieb jedoch hoch, weil der potentielle Schaden eines nuklearen Schlagabtauschs unermeßlich gewesen wäre.

Brüchig war die *Ost-West-Bipolarität,* weil der östliche Pol pseudo-stabil war. Die "Ordnung" im Ostblock wurde durch die Androhung oder Anwendung von Gewalt aufrechterhalten, weil die kommunistischen Regimes keine demokratische Legitimation hatten und verglichen mit dem Westen wirtschaftlich ineffizient waren. Rückblickend ist deshalb weniger ihr rascher Zusammenbruch als ihre Dauerhaftigkeit das eigentlich erstaunliche Phänomen. Nostalgiegefühle dämpfen sollte auch die Erinnerung an die Opfer des Kalten Krieges. Im Osten waren es die Menschen, die unter kommunistischer Unterdrückung litten, von der Versagung von Lebenschancen bis hin zu Verfolgung, Vertreibung und Vernichtung. In der "Dritten Welt" waren es vor allem die Opfer jener Stellvertreterkriege, die von der globalen Rivalität der beiden Supermächte angefacht wurden.

Dieser Rückblick soll die Gegenwart nicht verschönern. Er mag manchen sogar zynisch klingen angesichts des Blutzolls der Kriege im Europa nach dem Kalten Krieg und der menschlichen Entbehrungen, die die Transformationsprozesse in den postkommunistischen Gesellschaften mit sich bringen. Selbst beim Gewinner des Kalten Krieges ist die Freude nicht ungetrübt: Der Wegfall des östlichen Gegenpols hat gezeigt, daß die Identität und der Zusammenhalt des "Westens" keineswegs so gefestigt sind, wie es zu Zeiten der kommunistischen Klammer schien.

Über diesen Erwägungen darf jedoch die Binsenwahrheit nicht vergessen werden, daß die Gegenwart ihre Wurzeln in der Vergangenheit hat. Sie reichen gewiß tiefer als die Periode des Ost-West-Gegensatzes. Angesichts ihrer Pseudo-Stabilität und Opfer konnte und durfte jedoch die Bipolarität der Nachkriegszeit keine endgültige Antwort auf die Erblasten der europäischen Geschichte und die menschlichen Urbedürfnisse nach Sicherheit, Freiheit und Wohlstand sein.

Die Ernüchterung, die in der Formel von der "neuen Weltunordnung" zum Ausdruck kommt, sollte also nicht zu einer Verklärung der "alten Ordnung" des Kalten Krieges verführen. Der Blick muß sich nach vorn und darf sich nicht zurück richten. Die zentrale Frage lautet, wie die Probleme der Gegenwart zukunftsorientiert, das heißt ohne Rückgriff auf überholte Rezepte der Vergangenheit bewältigt werden können.

Dabei sollte jedoch das Kind nicht mit dem Bade ausgeschüttet werden. Das betrifft nicht zuletzt die *Sicherheitspolitik im engeren Sinne*. Im Überschwang der Aufbruchstimmung des Jahres 1990 erschienen Militär und Rüstung vielen als anachronistische Überreste einer überwundenen Konfrontation. Zwar würde die Beseitigung dieser Altlasten Zeit und Geld kosten und vielleicht nicht vollständig gelingen; im "neuen Europa" jedoch könnte das Militär auf eine residuale Vorsorgefunktion zurückgeführt werden, die zudem schrittweise kollektiviert, das heißt von einer europäischen Sicherheitsagentur von allen für alle übernommen werden würde.

Niemand sollte sich heute lustig machen über diese hochtrabenden Pläne und Ideen aus dem Jahre Eins nach dem Kalten Krieg. Sie beruhten auf der Erkenntnis, daß man sich sicherer fühlen kann, wenn auch andere sich sicher fühlen. Ihr bleibender Wert und politischer Auftrag besteht deshalb darin, Sicherheit nicht gegen, sondern mit- und füreinander zu organisieren. Und aus deutscher Sicht läßt sich ergänzen, daß die Vorschläge, ähnlich wie ihre westlichen Vorläufer in den fünfziger Jahren, dem unmittelbar operativen Zweck dienten, die deutsche Vereinigung besonders für Moskau erträglich zu machen.

Daß man versuchen muß, Sicherheit soweit wie möglich miteinander zu organisieren - dieses Gebot politischer Vernunft galt auch schon vor 1989. Mehr noch: Es galt vor allem auch während der bipolaren Konfrontation, weil das existentielle Risiko der nuklearen Konflikteskalation beide Seiten zu einer Minimalverständigung mit dem Ziel seiner Einhegung nötigte. Dieser Zwang resultierte aus einem Antagonismus, der systemische und machtpolitische Züge trug. Durch den Zusammenbruch des Kommunismus ist die systemische Komponente und damit jene Barriere entfallen, die eine

Überwindung des Abschreckungsfriedens blockierte.
Welches sind dann heute aus deutscher Sicht die *sicherheitspolitischen Herausforderungen* in und für Europa? Die Frage hat drei Hauptaspekte: 1. Sicherheit vor was und für was? 2. Sicherheit für wen? 3. Sicherheit wodurch?
Sicherheit wurde im Kalten Krieg in der Bundesrepublik Deutschland und im Westen insgesamt vorwiegend als Schutz vor kommunistischer Bedrohung verstanden. Da diese alle anderen Gefährdungen überragte und mangels wirtschaftlicher und ideologischer Konkurrenzfähigkeit fast ausschließlich militärischen Charakter hatte, war Sicherheitspolitik Militärpolitik im Sinne der Wahrung eines ausreichenden Gegengewichts zum östlichen Rüstungspotential einerseits und der Suche nach rüstungskontrollpolitischer Austarierung der beiderseitigen Arsenale andererseits. Sicherheit war also ein militärisch aufgeladener Begriff, dessen Ziel- und Meßgrößen in erster Linie Quantitäten und Qualitäten von Armeen und Waffen sowie die ihnen zugeschriebenen militärischen Optionen waren.
Inzwischen hat sich nicht nur in Deutschland eine breitere Definition von Sicherheit durchgesetzt. Äußere Sicherheit wird danach verstanden als Abwesenheit von bzw. Schutz vor Gefährdungen, die die Existenz und das Wohlergehen eines Volkes sowie seine gesellschaftliche Stabilität und seinen politischen Frieden beeinträchtigen können.[1] So gesehen gibt es kaum einen Bereich des internationalen Umfeldes und der auswärtigen Politik, der die eigene Sicherheit unberührt läßt: ob Handels- oder Umweltfragen, ob Migration oder AIDS - sie alle betreffen oder bedrohen akut oder potentiell das eigene Wohlergehen.
An dieser Tatsache läßt sich nicht rütteln. Deshalb und weil die Fixierung auf das militärische Management des Ost-West-Konflikts in der Vergangenheit zur Vernachlässigung anderer Gefährdungen beigetragen hat, ist die heute gebräuchliche umfassende Definition von Sicherheit ein Fortschritt. Allerdings nur dann, wenn zwei Fallstricken ausgewichen wird. Der eine

1 Diese Definition geht zurück auf Paul Kennedy, In Vorbereitung auf das 21. Jahrhundert, Frankfurt a.M. 1993, S. 172.

besteht in der Gefahr oder Versuchung, daß vorschnell an militärische Antworten gedacht wird, wenn äußere Gefährdungen als Sicherheitsprobleme eingestuft werden. Dem steht die entgegengesetzte Gefahr gegenüber, daß durch ein weitgespanntes Verständnis von Sicherheit die fortbestehende Bedeutung ihrer militärischen Dimension unterschätzt wird.

Diese Dimension steht hier im Mittelpunkt. Sicherheit in diesem eingeschränkten Sinne heißt die Frage stellen, welche Rolle das Militär künftig zum Schutz vor äußeren Gefährdungen spielen kann (*"Sicherheit vor was?"*).

Um die zweite Frage *"Sicherheit für was?"* beantworten zu können, ist es wichtig, Sicherheit und Frieden zu unterscheiden. Frieden ist mehr als militärische Sicherheit. Abschreckung durch die Androhung von Gegengewalt kann Kriege verhindern helfen und damit Sicherheit schaffen; abschaffen läßt sich die Kriegsgefahr durch Abschreckung aber nicht, denn Streitkräfte unterhält man ja gerade deshalb, weil es diese Gefahr gibt.

Wahrer Frieden ist deshalb mehr als das Schweigen der Waffen. Es gibt ihn erst, wenn Sicherheitspolitik mit militärischen Mitteln überflüssig und dysfunktional geworden ist, weil Konflikte für alle verläßlich ausschließlich gewaltfrei, das heißt ohne Androhung oder gar Anwendung von physischer Gewalt ausgetragen werden.

Ein solcher Frieden ist zum Beispiel innerhalb der Europäischen Union (EU) oder der transatlantischen Gemeinschaft herangewachsen. Die Streitkräfte ihrer Mitgliedsstaaten dienen nicht dem Schutz voreinander, sondern schützen sie und andere vor Dritten. Wäre es anders, müßte sich zum Beispiel die Bundesrepublik Deutschland spätestens jetzt nach dem Ende des Kalten Krieges ein atomares Gegengewicht zu den amerikanischen, britischen und französischen Nuklearpotentialen zulegen.

Die Absurdität dieser Überlegung belegt die Existenz der westlichen Friedensgemeinschaft. Sie ist nicht über Nacht entstanden, sondern herangereift. Vertrauen in die ausschließlich friedlichen Absichten anderer festigt sich erst durch entsprechende Erfahrungen, und es ruht - legt man die westeuropäische Nachkriegsentwicklung zugrunde - auf Pfeilern wie demokrati-

sche Stabilität, Prosperität und Solidarität - Bedingungen, die zusammenhängen und wahrscheinlich nicht von ungefähr sowohl Ursache als auch Folge des privilegierten Status der westlichen Industrieländer sind.
Militärisch instrumentierte Sicherheitspolitik bezieht letztlich ihre Legitimation aus einer übergeordneten Strategie, die wahren Frieden schaffen und erhalten will. Denn in Demokratien ist Militär kein Selbstzweck, sondern Mittel zum Zweck, und dieser muß im Interesse der Optimierung der eigenen Sicherheit über den Schutz vor Gefährdungen hinaus ihre Beseitigung anstreben. Der Versuch, dies militärisch durch einen "Siegfrieden" zu erreichen, ist selten moralisch gerechtfertigt und häufig mit inakzeptablen Risiken und Kosten sowie fragwürdigen Ergebnissen verbunden. Krieg ist, um an Clausewitz' häufig mißbrauchten und mißverstandenen Lehrsatz zu erinnern, immer eine Fortsetzung der Politik mit anderen Mitteln, aber eben selten von kluger Politik.
Gleichwohl kommt niemand an dem Willy Brandt zugeschriebenen Satz vorbei, daß der Frieden nicht alles, aber ohne Frieden alles nichts ist. Geprägt im Kalten Krieg sollte er dazu anhalten, sich nicht allein auf Kriegsverhinderung durch Abschreckung zu verlassen, sondern alle Möglichkeiten der Verständigung mit der Gegenseite auszuschöpfen. Aber richtig ist auch, daß der Frieden dann nicht alles ist, wenn er nur um den Preis der Unterwerfung zu haben ist. Deshalb kann die Androhung oder auch Anwendung von Gegengewalt zum Schutz der eigenen Werte und Interessen legitim und notwendig sein.
Militärische Sicherheitspolitik bezieht also ihre ethische und politische *Rechtfertigung* aus den beiden Zielen, echten Frieden zu bewahren und zu schaffen. Dem ersten Ziel dient sie, indem sie Staaten, die in Frieden miteinander leben, vor akuten oder möglichen Bedrohungen durch Dritte schützt. Dem zweiten dient sie, indem sie dazu beiträgt, jene Bedingungen zu erhalten oder zu schaffen, die Kriege verhindern und eine gewaltfreie Konfliktregelung begünstigen.
In der bereits zitierten "Charta von Paris" vom November 1990 haben sich die damaligen KSZE-Mitgliedstaaten versichert, daß "Sicherheit unteilbar

[ist], und die Sicherheit jedes Teilnehmerstaates ist untrennbar mit der aller anderen verbunden". Wenn das nicht als Absichtserklärung, sondern als Tatsachenfeststellung gemeint war, wurde sie bereits kurz darauf widerlegt. Überdeutlichen Beleg dafür liefern die kriegerischen Auseinandersetzungen im ehemaligen Jugoslawien. Die westlichen Regierungen waren zu einem entschlossenen militärischen Eingreifen nicht bereit. Die Gründe für diese Abstinenz waren und sind durchaus verständlich. Letztlich gehen sie jedoch auf die vorherrschende Einschätzung zurück, daß man sich ein solches Nicht-Eingreifen erlauben konnte, weil es sich um einen "Regionalkonflikt" handelt, der die eigene Kernsicherheit solange nicht berührt, wie er eingedämmt werden kann. [2]

Daß Sicherheit unteilbar ist, galt noch nicht einmal für das westliche Bündnis zur Zeit des Kalten Krieges. Davon zeugen die immer wiederkehrenden Debatten um An- oder Abkoppelung, das heißt um die Frage, ob und wie Westeuropas Sicherheit durch amerikanische Nuklearwaffen gewährleistet werden könnte. Antriebsfeder dieser Debatten war, daß - unabhängig davon, ob es ihnen gelingen würde oder nicht - die USA im Falle eines Ost-West-Krieges versucht sein mußten, ihn solange wie möglich auf Europa zu begrenzen, um den eigenen Schaden so gering wie möglich zu halten.

Dieses höchste nationale Interesse beeinträchtigte nicht die Glaubwürdigkeit der "erweiterten Abschreckung", weil aus Moskauer Sicht wegen des strategischen Interesses der USA an einem verbündeten Westeuropa und der amerikanischen Truppenpräsenz in Europa das nukleare Eskalationsrisiko untragbar blieb. Allerdings verdeutlicht der Hinweis auf die NATO-Debatten, daß Sicherheit selbst unter engsten Verbündeten ein nur schwer kollek-

---

2 Unverblümt haben dies der amerikanische und britische Außenminister öffentlich erklärt. Warren Christopher hat bezogen auf Bosnien unterschieden zwischen einem "strategischen Interesse" seines Landes, eine Ausweitung des Konflikts auf Nachbarstaaten zu verhindern, und einem "humanitären Interesse", das Leiden der bosnischen Bevölkerung zu verringern (vgl. U.S. Policy Information and Texts, Nr. 113 vom 8.11.1993, S. 9). Sein britischer Amtskollege Douglas Hurd qualifizierte Bosnien als eine "entsetzliche Tragödie", die aber keine Krise in dem Sinne sei, daß sie den Weltfrieden bedrohe (vgl. Britische Dokumentation, Nr. 22/93 vom 4.10.1993, S.2)

tivierbares Gut ist. Die Antwort auf die Frage *"Sicherheit für wen?"* ist deshalb, daß es um den Schutz eigener Interessen gehen muß. Was militärische Sicherheit betrifft, werden diese Interessen von denjenigen definiert, die organisierte Gewalt ausüben können. In Staaten mit Gewaltmonopol sind das ihre Regierungen, deren vornehmste Aufgabe in Demokratien es ist, Sicherheit für diejenigen zu gewährleisten, die sie vertreten.
Das kann, wie zum Beispiel die Erfolgsgeschichte der NATO bewiesen hat, eine erweiterte Definition der eigenen Schutzinteressen in dem Sinne einschließen, daß eigene Sicherheit nur im Verbund mit anderen zu erreichen ist. Anders formuliert: Wenn man, um selbst sicher zu sein, auf den Beistand anderer angewiesen ist, kann dies eine Gegenleistung in Form eines eigenen glaubwürdigen Beistandsversprechens erfordern.
Das ist die Grundlage von Verteidigungsbündnissen. Im Falle der Bundesrepublik Deutschland war es jedoch nicht nur eine, sondern *die* Rechtfertigung ihrer Streitkräfte. Die Bundeswehr wurde als Bündnisarmee gegründet, und ihr Kernauftrag blieb bis zum Ende des Kalten Krieges die Landes- und Bündnisverteidigung. Beides wurde zudem als identisch angesehen: Ein Bündnisfall, in dem nicht auch die Bundesrepublik unmittelbar angegriffen würde, erschien undenkbar, weil sich mitten in Deutschland NATO und Warschauer Pakt hochgerüstet gegenüberstanden.
Im Golfkonflikt mit Saddam Hussein, als ein irakischer Angriff auf das NATO-Mitglied Türkei nicht ausgeschlossen werden konnte, wurde deutlich, daß *Landes- und Bündnisverteidigung* auseinanderfallen können. Unter welchen Umständen sich das wiederholen könnte, ist eine heute spekulativ anmutende Frage. Das war sie jedoch erst recht vor Ausbruch des zweiten Golfkriegs, und sie ist auch dann nicht rein hypothetisch, wenn die Erweiterung der NATO-Mitgliedschaft und der EU einschließlich ihres Ausbaus zu einer Verteidigungsunion mitbedacht wird.
Das ist die erste Veränderung, die sich nach dem Kalten Krieg für deutsche Sicherheitspolitik hinsichtlich der Frage "Sicherheit für wen?" ergeben hat. Die zweite, drängendere und zum Teil heftig umstrittene Veränderung betrifft *Bundeswehreinsätze jenseits von Landes- und Bündnisverteidigung.*

Gibt es deutsche Interessen, die es rechtfertigen oder gar gebieten, die im Kalten Krieg angezeigte Zurückhaltung aufzugeben und sich daran zu beteiligen?

Es gibt sie, und zwar auch unabhängig von der Frage, ob man unterscheidet zwischen - in UNO-Terminologie - friedenserhaltenden und friedenserzwingenden bzw. zwischen Blauhelm- und Kampfeinsätzen. Den Opfern einer Aggression notfalls auch militärisch beizustehen, kann gerade vor dem Hintergrund der militärischen Befreiung Deutschlands vom Faschismus ein moralisches Gebot sein.

Mitleid allein - siehe Ex-Jugoslawien - reicht jedoch nicht aus, und es kann gerade in einem Zeitalter, in dem die Medien mitbestimmen, wohin es sich richtet, nicht das alleinige Motiv sein. Angesichts der Diskrepanz zwischen begrenzter Bereitschaft und Fähigkeit zum Eingreifen und der vielen bewaffneten Auseinandersetzungen in der Welt kann die Beteiligung an UNO-Einsätzen immer nur selektiv sein.

Die Bundesrepublik hat jedoch noch andere Interessen, die für eine weitgefaßte Antwort auf die Frage "Sicherheit für wen?" sprechen. Da Krieg tötet und zerstört, ist Sicherheit vor Krieg eine Voraussetzung von Entwicklung. Bleibt sie aus oder beschränkt sich auf wenige, kommt es zu Verelendung und Verteilungskämpfen, die Deutschland über Flüchtlingsströme direkt und indirekt dadurch erreichen können, daß es sich als ein reiches Land der Linderung von Not durch Hilfe nicht verweigern kann.

Einer Beteiligung kann sich die Bundesrepublik auch aus außen- und bündnispolitischen Erwägungen nicht grundsätzlich widersetzen. Gewicht, Geschichte und Geographie Deutschlands gebieten es, bei unseren Nachbarn und Partnern nicht den Eindruck zu erwecken oder Verdächtigungen zu verstärken, der "entfesselte Riese" im Herzen Europas könnte seine westliche Verankerung zugunsten eines nationalen Sonderwegs lockern. Das heißt keineswegs deutsche Botmäßigkeit, aber es bedeutet festhalten an der Einbettung Deutschlands in integrativen Strukturen wie vor allem der EU und der NATO. Dem liefe eine Politik zuwider, die Deutschland in einer zentralen Frage, wie der Beteiligung an Militäreinsätzen außerhalb von

NATO-Verpflichtungen, innerhalb von NATO und EU isolieren würde.
Mit welchen Mitteln und Methoden kann und sollte die Bundesrepublik Deutschland in der Welt nach dem Kalten Krieg für ihre Sicherheit sorgen? Zur Beantwortung ist eine Zielbestimmung notwendig, die bereits gegeben wurde: Militärisch instrumentierte Sicherheitspolitik hat dem Doppelziel zu dienen, Frieden ohne Waffen zu bewahren bzw. zu schaffen. Zwischen beiden Zielen besteht ein Zusammenhang: Um die westliche Friedensgemeinschaft, zu der das vereinte Deutschland gehört, vor äußeren Bedrohungen zu schützen, darf sie nicht zu einer bewehrten "Insel der Seligen" werden. Militärische Abschreckung kann immer nur ein Notbehelf sein, da sie Krieg nicht abschafft, sondern bestenfalls abhält, und sie bringt immer Wohlstandsverluste mit sich, weil sie Ressourcen bindet, die der Zivilwirtschaft vorenthalten werden.
Der Verweis auf diesen Zusammenhang löst allerdings nicht das vertraute Problem der Gewichtung. Im Kalten Krieg galt für die NATO die auf ihren Harmel-Bericht von 1967 zurückgehende Formel "Soviel Verteidigung (= Abschreckung) wie nötig, soviel Entspannung wie möglich". Aber wieviel Rüstung nötig und wieviel Verständigung möglich war, blieb zwangsläufig umstritten, weil beides auf subjektiven Bewertungen und Einschätzungen sowjetischer Potentiale und Absichten beruhte.
Das ist heute im Prinzip nicht anders, allerdings mit drei auffälligen Unterschieden was die Frage betrifft, *wieviel Militär* die Bundesrepublik noch braucht. Der erste ist der Verlust eines planerischen Fixpunktes in Form der sowjetischen Bedrohung. Bei allem Streit über Art und Umfang des erforderlichen westlichen Gegengewichts: Gegen wen man sich schützen mußte, war ebenso eindeutig wie die Tatsache, daß die Sowjetunion über ein beträchtliches militärisches Potential verfügte. Eine annähernd eindeutige und schwerwiegende Bedrohung gibt es nicht mehr. Zugleich ist die Lagebeurteilung schwieriger geworden, weil die Ungewißheiten zugenommen haben: Dazu gehören die Entwicklung Rußlands ebenso wie das Eskalationspotential inner- und zwischenstaatlicher Konflikte im Osten Europas und die Verbreitung von Massenvernichtungswaffen außerhalb Europas.

Der zweite Unterschied hängt mit dem ersten zusammen. Da die sowjetische Bedrohung verschwunden ist und die militärischen Risiken eher potentiellen als akuten Charakter haben, treten wirtschaftliche und soziale Probleme in den Vordergrund. Das gilt im Westen insgesamt und in Deutschland verstärkt wegen der Ressourcen, die der Vereinigungsprozeß erfordert. Drittens besteht zwar zwischen CDU/CSU und FDP einerseits und SPD andererseits ein Konsens über Landes- und Bündnisverteidigung, nicht jedoch in der Frage, wozu die Bundeswehr darüber hinaus eingesetzt werden soll.

Wieviele und welche Soldaten sich Deutschland leisten kann bzw. muß, ist deshalb heute noch schwieriger zu bestimmen als im Kalten Krieg. Zwischen den maßgebenden politischen Kräften unstrittig ist jedoch zu Recht, daß deutsches sicherheitspolitisches Handeln *multilateral* erfolgen muß. Sicherheit kann die Bundesrepublik nicht allein, sondern immer nur mit anderen erhalten und festigen.

Das bezieht sich zunächst auf die NATO und eine sich vertiefende Europäische Union. Angesichts der beschriebenen Ungewißheiten bliebt die *NATO* auch als Verteidigungsbündnis in absehbarer Zukunft unverzichtbar. Ob und wie die Europäische Union zu einer sicherheitspolitisch handlungsfähigen Einheit wird, ist trotz oder wegen des Vertrags von Maastricht unklar. Das unterstreicht die fortbestehende Bedeutung der NATO.

So wie die EU hat jedoch auch die NATO nach dem Ende der Ost-West-Konfrontation eine größere gesamteuropäische Verantwortung. Damit stellt sich auch die Frage ihrer möglichen *Osterweiterung*. Daß sie auf dem NATO-Gipfel im Januar vertagt wurde, geschah nicht nur aus Rücksicht auf Moskauer Widerstand, sondern davon abgesehen auch aus Mangel an Bereitschaft, sich jetzt schon auf eine Öffnung festzulegen. In der Tat muß bei jeder Erweiterung mitbedacht werden, welche Folgen sie für die Beziehungen zwischen einer vergrößerten NATO und ihren sicherheitspolitischen Partnern hat. Das sollte allerdings nur solange und insoweit zu einer Rücksichtnahme vor allem auf russische Positionen veranlassen, wie Moskau sich partnerschaftlich verhält. Rußland hat kein Vetorecht, und es muß klar sein, daß neuen Mitgliedern der EU der gleiche sicherheitspolitische Status zusteht wie den jetzigen: Wenn die EU nicht - was aus heutiger Sicht weder realistisch ist noch wünschenswert wäre - zu einer eigenständigen Verteidigungsgemeinschaft wird, heißt dies, daß neuen EU-Mitgliedern die NATO-Mitgliedschaft nicht verwehrt werden kann.

Jede NATO-Erweiterung, die nicht ausgrenzend und konfliktverschärfend wirken soll, muß flankiert werden durch ein dichter gespanntes Netz sicherheitspolitischer Regelungen auf gesamteuropäischer und regionaler Ebene. Darin liegt eine Hauptaufgabe der *KSZE,* und zwar auch unabhängig von der Frage einer NATO-Ostausdehnung. Allerdings steht nicht zu erwarten, daß die KSZE in überschaubarer Zukunft ein System kollektiver Sicherheit schafft, das Verteidigungsbündnisse wie die NATO überflüssig machte, weil jeder für jeden verläßlich eintreten würde. Ob ein solches Maß an gegenseitigem Vertrauen überhaupt erreichbar ist, bleibt eine offene Frage. Der noch auszubauende sicherheitspolitische Schwerpunkt der KSZE wird aller Voraussicht nach in nicht-militärischer Konfliktprävention und Konfliktregelung (das heißt neben Normensetzung deren Durchsetzung durch zum Beispiel Frühwarnung, Beobachtung, Vermittlung, Schiedsgerichtsbarkeit) liegen. Ihre Wirksamkeit könnte jedoch zuweilen durch den Rückgriff auf militärische Maßnahmen gesteigert werden, die das Instrumentarium der KSZE verbreitern und ihre Sanktionsfähigkeit erhöhen würden. Sofern es sich um friedenserhaltende Maßnahmen (peacekeeping) handelt, kann die KSZE sie in eigener Regie unternehmen. Friedenserzwingende Operationen (peace enforcement) erfordern dagegen ein Mandat des UNO-Sicherheitsrats. Da die KSZE keine eigenen Truppen hat, wird sie sich in beiden Fällen auf Dritte verlassen müssen. Das könnte auch die NATO sein.

Die UNO hat dies im Bosnien-Konflikt bereits getan. Aber nicht nur als NATO-Partner, auch als UNO-Mitglied sieht sich das vereinte und reiche Deutschland gewachsenen Erwartungen ausgesetzt. Eine Rolle als "größere Schweiz" wird dem drittgrößten UNO-Beitragszahler nicht zugestanden, und zwar erst recht nicht, wenn er einen ständigen Sitz im Sicherheitsrat anstrebt. Die Kehrseite von Sicherheit für Deutschland durch seine Integration in NATO, EU, UNO und KSZE ist seine grundsätzliche Bereitschaft, bis hin zu militärischen Maßnahmen mitzuwirken an Sicherheit für andere. *Sicherheit durch Integration* - das ist und bleibt ein fundamentales Interesse der Bundesrepublik Deutschland. Ihr Zweck ist ein doppelter. Erstens Schutz vor äußeren Gefährdungen durch Solidarität auf Gegenseitigkeit, das heißt durch Beistand für andere als Gegenleistung für Hilfe durch andere. Und zweitens ist Integration ein Mittel, um Besorgnissen unter unseren Nachbarn und Partnern entgegenzuwirken, das vereinte und größer gewordene Deutschland könne in Europa eine dominante Stellung beanspruchen. Sicherheit durch Integration bedeutet militärisches Handeln im multilateralen Rahmen. Grundlage dieser gemeinsamen Sicherheit sind militärische Optionen, um sich und andere vor Gewalt zu schützen. Solche Optionen oder Handlungsmöglichkeiten sind relativ, das heißt sie ergeben sich aus einem Vergleich der eigenen mit fremden Fähigkeiten. Folglich braucht derjenige, der nur defensive Optionen der Verteidigung anstrebt, um so weniger Militär, je geringer die Offensivoptionen potentieller Gegner sind. Rüstung und Rüstungskontrolle sind deshalb zwei Seiten einer Medaille. Der Versuch, sich Sicherheit gegen andere zu errüsten, ist allerdings immer nur die zweitbeste Lösung. Denn selbst defensiv motivierte Rüstung ist ambivalent, weil auf Optionen, die andere als offensiv interpretieren könnten, kaum gänzlich verzichtet werden kann. Deshalb muß Rüstung durch Rüstungskontrolle eingegrenzt und ausgestaltet werden. Das bedeutet zunächst unilaterale Rüstungskontrolle, das heißt unabhängig von der Reaktion anderer die möglichst defensive Ausrichtung des eigenen Militärpotentials hinsichtlich Umfang, Ausrüstung, Ausbildung, Stationierung und Einsatzdoktrin. Zweitens bedeutet es bi- oder multilaterale Rüstungskontrolle, das heißt der Versuch, zusammen mit anderen Umfang und Struktur von Militärpotentialen so zu beeinflussen, daß sie der politischen Vertrauensbildung dienen.

Sicherheit durch Rüstungskontrolle ist deshalb ein politischer Auftrag, der solange gilt, wie es Rüstung gibt. Er droht, im Europa nach dem Kalten Krieg vernachlässigt zu werden. In der Euphorie des Jahres 1990 erschien

Rüstung und demzufolge Rüstungskontrolle fast wie ein Relikt; heute hingegen sind es politische Instabilität, intensives Mißtrauen und Kriege, die Rüstungskontrolle und Abrüstung behindern. Nach wie vor gilt jedoch, daß Rüstung zwar nicht Konflikte schafft, sie aber anheizen kann. Konfliktentschärfung und Konfliktverhütung werden deshalb ohne Rüstungskontrolle nicht möglich sein. Die Plattform dafür bietet das KSZE-Forum für Sicherheitskooperation, das stärker als bisher genutzt werden sollte.
Soweit eine deutsche sicherheitspolitische Lageeinschätzung im Jahre Fünf nach der Öffnung der Berliner Mauer, mit der der Kalte Krieg symbolträchtig zu Ende ging. Die SPD kann sich zugute halten, an der skizzierten Lage nicht unschuldig zu sein. Die von ihr als Regierungspartei mitverantwortete Entspannungspolitik, aber auch ihre Unterstützung von Landes- und Bündnisverteidigung im Rahmen der NATO haben zu einem friedlichen Ende des Kalten Krieges maßgeblich beigetragen.
Vor diesem geschichtlichen und aktuellen Hintergrund kommt der von Florian Gerster vorgelegten Nachzeichnung der SPD-Sicherheitspolitik ihre Bedeutung zu. Nüchtern und schonungslos zeigt er Kontinuitäten und Brüche auf. Da er mit seiner Auffassung nicht hinter dem Berg hält, ist die Arbeit mehr als eine distanzierte historische Analyse. Sie ist auch ein wichtiger Beitrag zur aktuellen sicherheitspolitischen Debatte, der man viele Leser wünscht.

2. Reform der Reichswehr an Haupt und Gliedern

Sozialdemokratische Wehrpolitik im Deutschen Reich

In der einhundertdreißigjährigen Geschichte der deutschen Sozialdemokratie gab es viele Umbrüche und Kurskorrekturen, auch von fundamentaler Bedeutung. Wie könnte es anders sein in einer Bewegung und politischen Partei, die trotz ihrer internationalen Orientierung zu jedem Zeitpunkt eine deutsche war! Um so mehr überraschen bei der Rückschau auf die sozialdemokratische Politik der Äußeren Sicherheit in Kaiserreich, Weimarer Republik und Bundesrepublik Deutschland Kontinuitäten trotz radikaler Veränderungen des staatlichen und gesellschaftlichen Rahmens.

So kann man - mindestens bis zum Godesberger Grundsatzprogramm 1959 - die zwischen Programmaussagen und konkretem politischen Verhalten klaffende Lücke nicht übersehen: Parteitagsbeschlüsse waren (und sind ?) immer etwas linker, an der reinen sozialdemokratischen Lehre orientiert als tagespolitisches, operatives Handeln in Parlament und Regierung. Dies gilt besonders für Felder, in denen Sozialdemokraten die Anerkennung der normativen Kraft des Faktischen eher schwerfällt: Äußere und Innere Sicherheit, Wirtschafts- und Finanzpolitik. In keiner Phase ihrer Geschichte war die SPD eine pazifistische Partei; bis heute aber ist ihr "kollektives Gefühlsleben" pazifistisch gefärbt.

Zwischen Phasen realpolitischer Anpassung stellte sich die deutsche Sozialdemokratie auch immer wieder mutig dem Zeitgeist entgegen, ohne in einen letztlich unpolitischen Fundamentalwiderstand abzugleiten. So mußte es im Kaiserreich als Kampfansage gegen den weithin herrschenden Militarismus wirken, wenn sich die SPD zur Verteidigungsbereitschaft, aber gegen die Clausewitz'sche Vorstellung vom Krieg als Mittel der Politik bekannte. Der Gothaer Parteitag 1875 verlangte gar die Einführung des Volksentscheids über Krieg und Frieden.

Das frühe *Bekenntnis zur Allgemeinen Wehrpflicht* verstand die Arbeiterbewegung als grundlegende Alternative zum "stehenden Heer", dem klassischen Machtinstrument der Obrigkeit auch im Inneren. Die Verbindung

dieser Forderung mit dem übergeordneten Postulat des Allgemeinen Wahlrechts war eng. In Gotha forderte die Partei im Jahre 1875 die "Allgemeine Wehrhaftigkeit. Volkswehr an Stelle der stehenden Heere"; in Erfurt wurden 1891 die Gothaer Forderungen zur Militärpolitik bekräftigt.
Die Absage an einen pazifistischen Sonderweg kann nur vor dem historischen Hintergrund in ihrer Bedeutung gewürdigt werden. So wandte sich Kaiser Wilhelm II. in einer berüchtigten Vereidigungsrede 1891 in Potsdam an Rekruten der Reichswehr: "... Bei den jetzigen sozialistischen Umtrieben kann es vorkommen, daß ich Euch befehle, Eure eigenen Verwandten, Brüder, Eltern niederzuschießen ..." (1) Wer würde angesichts dieses Mißbrauchs staatlicher Gewalt heute kein Verständnis für eine totale Verweigerungshaltung haben?
Andererseits: eine pazifistische SPD hätte im Vorkriegsdeutschland vor der Jahrhundertwende dem damaligen Grundkonsens radikal zuwidergehandelt und sich politisch ins Abseits begeben.
Fällt - auch heute noch - der Name Gustav Noske, drängen sich Assoziationen unangenehmster Art an den sozialdemokratischen Wehrpolitiker auf: "Einer muß der Bluthund werden ..." (2) Die Verengung der Bewertung von Noskes Lebensleistung auf den Einsatz von Militär und Freikorps gegen die drohende "bolschewistische Machtübernahme" als Volksbeauftragter für Heer und Marine im Jahre 1919 wird jedoch der Gesamtpersönlichkeit nicht gerecht. Als militärpolitischer Sprecher der SPD-Reichstagsfraktion hat der Abgeordnete mehrfach mit zornigen Reden die Ablehnung des Wehretats wegen des Mißbrauchs des Heeres gegen die Arbeiterbewegung begründet (so 1907 und 1911) und dem herrschenden Militarismus den Kampf angesagt. (2)
Auf dem Essener Parteitag 1907 präsentierte sich der engagierte *Militärreformer Gustav Noske:* "Was wir im Militarismus bekämpfen, ist der unnötige Drill, sind die Soldatenschindereien, die Abschließung der Offiziere als Kaste und die Erklärung des Heeres als eines Machtmittels, das Übergewicht der besitzenden Klassen gegenüber den Nichtbesitzenden aufrechtzuerhalten." (1) Diese ersten Ansätze eines sozialdemokratischen Konzepts

der "Inneren Führung" in den Streitkräften wurden im Vorkriegsdeutschland durch patriotische Bekenntnisse überlagert, so in einem SPD-Flugblatt 1913: "Es gibt in Deutschland überhaupt keinen Menschen, der sein Vaterland fremden Angriffen wehrlos preisgeben möchte ..." (1) Wer die Befürwortung der Kriegskredite durch die sozialdemokratische Reichstagsfraktion im Jahre 1914 aus heutiger Sicht als Verrat am Friedensgebot bewertet, sollte dieses Urteil nicht fällen, ohne anhand von Originaldokumenten den Zeitgeist beim Eintritt Deutschlands in den Ersten Weltkrieg nachzuvollziehen.

Auch als erster (und letzter) sozialdemokratischer Reichswehrminister ließ Noske zunächst reformerische Impulse erkennen: So verbesserte er gegen den Widerstand des sich meist aus konservativen Adelsfamilien rekrutierenden Offizierskorps die Aufstiegschancen von Unteroffizieren in diesen elitären milillitärischen und gesellschaftlichen Stand.

Der SPD-Parteitag in Weimar im Juni 1919 verlangte von der sozialdemokratisch geführten Reichsregierung die Auflösung der verhaßten Freikorps und die Schaffung einer "*demokratischen Volkswehr*". Die Aufforderung, reaktionäre Offiziere zu entlassen, veranlaßte Noske, Sozialdemokraten zum Eintritt in die Reichswehr aufzufordern. (2) Ein Appell voller Logik, aber gegen die politische Kultur der antimilitaristischen Arbeiterbewegung !

Der Rücktritt Gustav Noskes kurze Zeit danach besiegelte das Scheitern eines Mannes, der als Militärreformer begonnen hatte und sich als staatstragender Sozialdemokrat in der ersten deutschen Demokratie zum Einsatz des Militärs gegen revolutionäre Nachkriegsbewegungen gezwungen sah. Die deutsche Sozialdemokratie war danach nicht imstande, den machtpolitisch so bedeutenden Posten des Reichswehrministers mit einem eigenen Mann zu besetzen: Der parteilose Gessler mußte mit ihrer Zustimmung die Lücke füllen. Damit hatte - so Noske - die SPD "als Machtfaktor ausgespielt". (2) Der nächste sozialdemokratische Verteidigungsminister wurde fünfzig Jahre später Helmut Schmidt. Fritz Erler bemühte sich nach dem Zweiten Weltkrieg um die Rehabilitierung Noskes und warf der SPD rückblickend vor, ihn im Stich gelassen zu haben.

In der sozialdemokratischen Programmatik der Weimarer Zeit gab es trotz dieser Fehlschläge von historischem Ausmaß auch später ernsthafte und fruchtbare Bemühungen um verantwortungsethische Begründungen "nationaler Wehrhaftigkeit". Eduard Bernstein postulierte 1920 das Interesse der Arbeiterklasse an der militärischen Verteidigung, "... je mehr durch den Einfluß der Sozialdemokratie der Arbeiter aus einem Proletarier ein Bürger wird." (3) Dem stehenden Heer, einem Regierungsheer, stellte er das Volksheer in Gestalt der Miliz gegenüber.
Im Görlitzer Programm verlangte die SPD 1921 *"internationale Abrüstung unter Garantie des Völkerbundes"* und die "Erzwingung internationaler Verpflichtungen durch gemeinschaftliches Vorgehen des Völkerbundes". Eine frühe Parallele zu sozialdemokratischen Forderungen der achtziger und neunziger Jahre, die Vereinten Nationen zu einem weltweit wirksamen Instrument kollektiver Sicherheit zu machen und mit den notwendigen Machtmitteln auszustatten. Die Sprengung des nationalen Rahmens in der Beschreibung der Wehrfrage kennzeichnet eine historische Zäsur im politischen Denken der Sozialdemokratie.
Auch das Thema "Innere Führung" kehrt wieder. So verlangt das Heidelberger Programm 1925 die "Umgestaltung der Reichswehr zu einem zuverlässigen Organ der Republik". Diese Aussage läßt berechtigte Sorge um die innere Verfassung der bewaffneten Macht, gleichzeitig jedoch auch eine gehörige Distanz zu den deutschen Streitkräften erkennen. Ende 1926 hielt Philipp Scheidemann eine scharfe Rede im Reichstag, die als "Abrechnung" mit der Reichswehr verstanden wurde. Er warf ihr die Verbindung zu rechtsradikalen und völkischen Verbänden und geheime Aufrüstung vor. Zeitgenossen sprachen danach von einer *"Feindschaft" zwischen SPD und Reichswehr.*
Die postulierte Reform der Reichswehr an Haupt und Gliedern mündete 1928 in sozialdemokratische Richtlinien zur Wehrpolitik", in denen neben hochaktuell klingenden Forderungen zur Inneren Führung von Streitkräften in der Demokratie das Verbot ihres Einsatzes im Inneren, vor allem bei Arbeitskämpfen, verlangt wurde. Das Verhältnis der Sozialdemokratie zum

Militär auf der einen und zur Friedensbewegung in ihrer jeweiligen Erscheinungsform auf der anderen Seite war und blieb ambivalent. Wolfram Wette beantwortet in seinem Rückblick nicht die "Frage, weshalb das *sozialdemokratisch-pazifistische Bündnis* in der Endphase der Weimarer Republik zerbrach ...". (4) Wie sollte auch die Haltung der Sozialdemokratie zur bewaffneten Macht in unserem schwierigen Vaterland frei sein von Widersprüchen und Verwerfungen ?

3. Gegen Wiederbewaffnung und für Innere Führung

Aufbau und Konsolidierung der Bundeswehr

"Nur .....wenn die demokratischen Streitkräfte hier in Deutschland so stark sind, daß sie die Kraft haben, bei einem Angriff aus dem Osten im sofortigen Gegenstoß die *Kriegsentscheidung außerhalb der deutschen Grenzen* zu tragen, nur dann kann das deutsche Volk seinen militärischen Beitrag für die Verteidigung der Freiheit in der Welt leisten....." An dieser markanten Aussage Kurt Schumachers im Deutschen Bundestag am 8. November 1950 ist bemerkenswert, wie sehr der erste Vorsitzende der Nachkriegs-SPD später akzeptierte Konzepte westlicher Verteidigung ausschloß, weil sie Deutschland im Falle eines Krieges zwangsläufig zum Gefechtsfeld machen mußten. Die genannten Bedingungen für die Beteiligung der Sozialdemokratie am Wiederaufbau deutscher Streitkräfte sind jedoch weit von einer pazifistischen Verweigerungshaltung entfernt: Die spätere Mitwirkung der SPD deutete sich bereits an.

Auf dem Bundesparteitag 1952 in Dortmund war es Fritz Erler, der das grundsätzliche Ja der SPD zu deutschen Streitkräften und die Bereitschaft zur Beteiligung an einem System kollektiver Sicherheit unter der Voraussetzung deutscher Gleichberechtigung zum Ausdruck brachte. (5) Derselbe Parteitag nannte als Bedingungen für "gemeinsame Anstrengungen zur Sicherung des Friedens und der Verteidigung der Freiheit auch mit militärischen Maßnahmen": Bemühungen um die Wiedervereinigung und ein europäisches Sicherheitssystem, die Gleichberechtigung aller Teilnehmer und die demokratisch-parlamentarische Kontrolle der Streitkräfte. Das ist exakt die enge Verknüpfung der Wehrfrage mit deutscher Souveränität und Wiedervereinigung in der Sozialdemokratie der frühen Bundesrepublik!

Die klare Aussage Fritz Erlers auf dem Berliner Bundesparteitag 1959, ein wiedervereinigtes Deutschland müsse einen Verteidigungsbeitrag leisten, mag zum Mißerfolg seiner Kandidatur für den Parteivorstand beigetragen haben. (6) Sein Biograf Hartmut Soell berichtet, er sei über die Attacke Schumachers gegen Adenauer als "Kanzler der Alliierten" erschüttert gewe-

sen. (5) Erler gelang es jedoch, die Oppositionspartei SPD 1956 zur aktiven Beteiligung an der Ergänzung des Grundgesetzes um die Wehrverfassung zu bewegen, nachdem die Gesetzgebungskompetenz des Bundes für die Verteidigung 1954 im Deutschen Bundestag gegen 144 Nein-Stimmen durchgesetzt worden war.
Ulrich de Maizière, Generalinspekteur der Bundeswehr unter sozialliberaler Regierung, beschrieb später die "parlamentarische Große Koalition" unter Richard Jäger (CSU) und Fritz Erler (SPD), der die Bundeswehr einen Aufbau ohne Verfassungskonflikte sowie die Regelung der Befehls- und Kommandogewalt, die Allgemeine Wehrpflicht und die Institution des Wehrbeauftragten zu verdanken habe. (7) Nachdem das Ob und das Wann deutscher Streitkräfte entschieden war, war die sozialdemokratische Opposition unter Erlers geistiger Führung entschlossen, starken Einfluß auf das Wie deutscher Streitkräfte in der zweiten deutschen Demokratie zu nehmen.
Auf allen Ebenen nahm die Politik teil an der historisch bedeutsamen Debatte um die Wiederbewaffnung: So weisen die Protokolle des rheinland-pfälzischen Landtages aus den fünfziger Jahren leidenschaftliche Wortgefechte über Westintegration, atomare Abschreckung und die "Überbelegung mit alliierten Truppen" aus. Nach einer Latenzphase scheinbar konfliktfreier Grundübereinstimmung gab es erst in den achtziger Jahren wieder landespolitische Auseinandersetzungen mit sicherheitspolitischem Inhalt; diesmal um die Stationierung atomarer und chemischer Waffen sowie Gefahren durch tieffliegende Militärmaschinen.
Nach dem Widerstand der SPD gegen die Wiederbewaffnung und der Mitwirkung an der Wehrgesetzgebung einte Sozialdemokraten links und rechts der Kampf gegen *die Ausrüstung der Bundeswehr mit atomaren Trägerwaffen.* Die Ablehnung im Deutschen Bundestag im Mai 1957 wurde begleitet von einer breiten Friedensbewegung aus Sozialdemokraten, Kirchenleuten, Gewerkschaftern und Intellektuellen. Der Aufruf "Kampf dem Atomtod" vom März 1958 trägt die Unterschrift des Parteivorsitzenden Ollenhauer; diejenigen von Fritz Erler, Herbert Wehner und Helmut Schmidt fehlen jedoch. Eine Vorbereitung der Godesberger Programm-Korrektur?

Wenige Jahre später beklagte Helmut Schmidt die in der Bundesrepublik "weit verbreitete Neigung zur gefühlsmäßigen Beurteilung militärischer Fragen" und die unzureichende Information der Politiker über Fragen der äußeren Sicherheit. (8) Die Distanz der sozialdemokratischen Führung zur Friedensbewegung - oder zu dem, was nach den fünfziger Jahren von ihr geblieben war - wuchs. Statt dessen war Fritz Erler - wie auch der spätere Verteidigungsminister Georg Leber (9) - bemüht, die "Kluft zwischen Armee und Arbeiterschaft" zu schließen, die er für eine der Ursachen des Niedergangs der Weimarer Demokratie hielt. (1) Mehr noch: Erler fürchtete das in der Geschichte der Arbeiterbewegung tief verwurzelte "Noske-Trauma" eines unpolitischen Pazifismus.

In den sechziger und siebziger Jahren war das Verhältnis der Partei zur bewaffneten Macht weitgehend frei von Störungen. Wie ein Paukenschlag beendeten im Mai 1980 die *"Bremer Krawalle"* um ein Gelöbnis von Bundeswehrrekruten im Weserstadion den scheinbaren Frieden zwischen dem pazifistischen Flügel der SPD und der Bundeswehr. Die Vermittlungsversuche des führenden Bremer Parteilinken Henning Scherf gegenüber den gewaltbereiten Störern des Gelöbnisses belasteten das Bild der SPD bei vielen Soldaten nachhaltig.

Der Parteivorstand der SPD sah sich veranlaßt, mit einer unmißverständlichen Botschaft den öffentlichen Eindruck zurechtzurücken: "Die SPD tritt dafür ein, daß auch in der Zukunft die Öffentlichkeit an der Ablegung des Gelöbnisses der Wehrpflichtigen teilnehmen kann. Die SPD bekennt sich zu den Soldaten unserer Bundeswehr und wird niemandem gestatten, die Soldaten in ihrer Pflichterfüllung einzuschränken." (10) Herbert Wehner bat am 7. Mai 1980 in Radio Bremen die Soldaten der Bundeswehr "um Verzeihung".

Auch innerhalb der Parteilinken entwickelte sich eine selbstkritische Auseinandersetzung über das Verhältnis zu den Streitkräften. So beklagte Karsten Voigt die "zunehmende Entfremdung zwischen demokratischen Linken innerhalb der Bundeswehr und den verschiedenen Gruppen der Friedensbewegung". (11) Sinnlos sei - dreißig Jahre später - eine Wiederbelebung des Streits um die Wiederbewaffnung.

Die Bildung einer *zweiten Friedensbewegung* in der Geschichte der Bundesrepublik mit starken Ausläufern in die Sozialdemokratie aus Anlaß der *Nachrüstungsdebatte* von 1979 bis 1983 macht deutlich, daß Teile der SPD ihr kollektives pazifistisches Gefühlsleben nie ganz verloren haben. Namhafte Mitglieder der Partei-Elite in Bundestag, Parteirat und Parteivorstand leisten sich exklusiv auf dem Feld der Äußeren Sicherheit eine Privat-Politik, eine subjektive Argumentation "mit dem Bauch", ohne Rücksicht auf Programme und realpolitische Handlungsspielräume. Gleichwohl gilt, daß fundamentaler Pazifismus auf Parteitagen in der hundertdreißigjährigen Geschichte der Sozialdemokratie nie mehrheitsfähig war.

Der historische Beschluß des Parteivorstandes *gegen die Einführung der Allgemeinen Wehrpflicht* 1956 war mit der Sorge um die Vertiefung der Spaltung Deutschlands begründet, richtete sich jedoch nicht gegen diese Wehrform, die alten Forderungen der Sozialdemokratie entspricht. Wehrpflicht und das im Grundgesetz verankerte Recht zur Kriegsdienstverweigerung waren und sind aus sozialdemokratischer Sicht eineiige Zwillinge. So stellte sich die SPD auch im realpolitisch geprägten Godesberger Programm 1959 "schützend vor jeden Bürger, der aus Gewissensgründen den Dienst mit der Waffe .....verweigert".

Herbert Wehner hielt auf dem Godesberger Parteitag es jedoch für geboten, die staatspolitische und ethische Bewertung von Wehrdienst und Verweigerung sorgfältig auszutarieren: "...es ist doch unmöglich, daß eine Partei wie diese ihren Kampf gegen Kriegspolitik ... auf die immer nur allzu schmale Basis jener Minderheit stellt, die aus Gewissensgründen den Wehrdienst verweigern werden". Ob er spätere Juso-Generationen vor Augen hatte, deren Sympathie für den von der Verfassung als "Regelfall" vorgesehenen Wehrdienst begrenzt war und ist ?

Helmut Schmidt gab den "Mainstream" der Nachkriegs-SPD wieder, als er in seiner Abschiedsrede 1982 den Soldaten versicherte: "Lebendige Klammer zwischen Armee und Volk ist die Wehrpflicht ...". In der Phase besonders störungsfreier Beziehungen der SPD zu den Streitkräften sorgte sich

der Bundesparteitag 1970 um das "unerträgliche Ausmaß" der Wehrungerechtigkeit. Die im Regierungsprogramm 1990 verlangte Absenkung des Grundwehrdienstes auf 9 Monate speiste sich zwei Jahrzehnte später aus zwei Quellen: der von der SPD vertretenen Reduzierung des Bundeswehrumfangs und - wiederum - der Sorge um Wehrgerechtigkeit.
Wie bereits im Kaiserreich und in der Weimarer Republik, so wurde *"Innere Führung"* auch beim Aufbau der Bundeswehr ein besonderes Anliegen, ein *Markenzeichen sozialdemokratischer Wehrpolitik;* diesmal mit echten Erfolgschancen. Im Godesberger Programm 1959 verankerte die Partei die Notwendigkeit der parlamentarischen Kontrolle der Streitkräfte und eines Vertrauensverhältnisses aller demokratischen Kräfte zu den Soldaten. "Der Soldat bleibt auch in Uniform Staatsbürger." Die erzwungene Rücknahme des Gewerkschaftserlasses 1966 löste zwar den Rücktritt des Generalinspekteurs Trettner und den Eintritt der Generale von Baudissin und Schmückle in die Gewerkschaft ÖTV aus. Auf längere Sicht jedoch blieb das Verhältnis der DGB-Gewerkschaften zur Bundeswehr kompliziert und die ÖTV unter Soldaten ein Randphänomen, nicht zuletzt wegen unzureichender Zielgruppenarbeit.
Auch Sozialdemokraten mit besonders enger Beziehung zu den Streitkräften verloren nicht den Sinn für deutsche Gefährdungen. So begründet der langjährige Wehrbeauftragte und frühere Verteidigungs-Staatssekretär Willi Berkhan die Notwendigkeit der Machtkontrolle mit der Anziehungskraft des Soldatenberufs auf Menschen, denen es "darum geht, Macht über andere Menschen zu haben". (12) Das Konzept der Inneren Führung wurde in der Bundeswehr selten - etwa von reaktionären Generalen - offen bekämpft; problematischer ist seine schleichende Erosion. Helmut Ganser kommt das Verdienst zu, mit *"Technokraten in Uniform"* das gesellschaftliche Problem der erwachsenen Bundeswehr treffend benannt zu haben. (13) Nicht die Schleifer von Nagold, sondern an Menschenführung desinteressierte Technokraten beschreiben ein zu häufig anzutreffendes Verhaltensmuster überforderter Offiziere und Unteroffiziere in der Truppe. Dies schmälert nicht das berechtigte Grundvertrauen der zweiten deutschen De-

mokratie in die rechtsstaatliche Zuverlässigkeit ihrer Streitkräfte. Von den Kernfaktoren der Berufszufriedenheit des Soldaten, wie sie Oetting beschrieben hat, ist nach Überwindung des Kalten Krieges die "Legitimität der Zielsetzungen" für die Streitkräfte in Frage gestellt. (14) Die "Funktionstüchtigkeit der Streitkräfte" ist durch die andauernde Haushaltsnotlage gefährdet, während Kameradschaft und adäquate Führung als Motivationsfaktoren von aktuellen Einflüssen relativ unabhängig sind. Das innere Gefüge der Bundeswehr in den neunziger Jahren ist aus dem Lot.
Die Geschichte der Bundeswehr ist reich an militärpolitisch oder wissenschaftlich begründeten Alternativentwürfen zu Strategie und Struktur des bundesdeutschen Verteidigungsbeitrags. Die Erfolglosigkeit dieser Alternativen entwertet nicht die berechtigte Kritik an der offiziellen Militärpolitik. Einer der ersten Querdenker unter den Offizieren war Oberst Bogislaw von Bonin, der 1955 gegen die herrschende Meinung des Amtes Blank defensiv bewaffnete Sperrverbände von bis zu 200.000 im wesentlichen länger dienender Soldaten zur Sicherung der bundesdeutschen Ostgrenze mobilisieren und damit den Aufbau einer hoch beweglichen und technisierten Wehrpflichtarmee von einer halben Million Soldaten vermeiden wollte. (15)
In der SPD-Führung wurde dieses Konzept unterschiedlich bewertet, zumal Bonin im Streit mit der Sektion Innere Führung im Amt Blank lag. Herbert Wehner begrüßte die "Gelegenheit zur Diskussion, ob Deutschland am Rhein oder im Osten verteidigt werden soll". Damit nahm er Schumachers Kritik an Strategiekonzepten auf, die im Kriegsfall Deutschland zum Schlachtfeld werden ließen. Erst die spätere NATO-Strategie der Vorneverteidigung an der bundesdeutschen Ostgrenze sollte diese Bedrohungswahrnehmung entkräften.
Sogar Helmut Schmidt entdeckte Vorteile *alternativer Streitkräftestrukturen* und beschrieb die Vorteile einer Miliz als Heimatverteidigungskomponente. (8) 1990 fanden alternative Strukturmodelle Eingang in ein Papier zur Zukunft der Bundeswehr, das eine Arbeitsgruppe der SPD-Bundestagsfraktion unter Beteiligung des Verfassers erarbeitet hatte. Die vorgeschlagene Absenkung des Personalumfangs auf 240.000 Soldaten war am geteilten

Deutschland orientiert und nicht unumstritten. Die Gliederung des Heeres in "Schildkräfte" (Sperrbrigaden) und "Schwertkräfte" (Panzer- und Panzergrenadierbrigaden) war jedoch durch viele Untersuchungen untermauert und konnte auf Vorschlägen einer Vielzahl von Sachkennern aus Bundeswehr und Wissenschaft aufbauen. (16)
Im *Godesberger Programm* 1959 bekannte sich die SPD zur *Landesverteidigung* und schloß damit das Jahrzehnt des Kampfes gegen die Wiederbewaffnung Deutschlands ab. Fritz Erler stellte in der Parteitagsdebatte den Zusammenhang zwischen Programmaussage und Mehrheitsfähigkeit her: "Diese Verantwortung wird uns das Volk nur geben, wenn wir den Willen und das Können zeigen, mit allen staatlichen Einrichtungen umzugehen, auch mit der bewaffneten Macht." Die Grundwertekommission bemängelte ein Vierteljahrhundert später die Verengung der Wehrfrage auf die nationale Sicht und hielt eine positive programmatische Aussage zur Einbindung ins westliche Bündnis für unerläßlich.
In den sechziger und siebziger Jahren kann man von einer eigenständigen sozialdemokratischen Verteidigungspolitik und deren Kontinuität sprechen. Beobachter der Arbeit im Deutschen Bundestag interpretieren das Selbstverständnis des Verteidigungsausschusses unter Einschluß der Opposition als das eines "Trägers parlamentarischer Mitregierungsbefugnisse". (17) Maizière beschreibt für die Aufbauphase der Bundeswehr den "hohen Rang" des Ausschusses, in den die SPD-Fraktion Fritz Erler, Carlo Schmid, Helmut Schmidt und Herbert Wehner entsandt hatte. (7)
Besonderes Interesse zeigten und zeigen sozialdemokratische Parlamentarier in der praktischen verteidigungspolitischen Arbeit an der sozialen Dimension des Soldatseins. Spötter sprechen deswegen auch von der SPD als dem "Vertrauensmann der Bundeswehr" - analog zum "Betriebsrat der Gesellschaft". Auffallend ist rückblickend, wie stolz die *Regierungspartei SPD* auch in der Phase leidenschaftlicher ostpolitischer Debatten auf "*unsere Leistungen für die Bundeswehr*" (Wahlprogramm 1972) war und daß sie auf dem Mannheimer Bundesparteitag 1975 eine "angemessene Ausstattung der Bundeswehr" verlangte.

Das Regierungsprogramm 1976 - 1980 beschrieb die Bundeswehr als "gute, kampffähige Armee". Die Probleme kehren erst in den achtziger Jahren wieder - dann allerdings massiv: Auseinandersetzungen über die Nachrüstung von Atomraketen, Furcht vor einem auf Europa begrenzbaren Atomkrieg, Kampf gegen die Stationierung chemischer Waffen und gegen den "Lärmterror" westlicher Militärmaschinen.

Das Auf und Ab der Beziehungen der Sozialdemokratie zu den Streitkräften spiegelt sich in den Bemühungen um eine gezielte *Vertrauensarbeit gegenüber den Soldaten* wider. Erler mußte sich 1958 in einem Brief an den Parteivorsitzenden Erich Ollenhauer gegen die Unterstellung verwahren, Wehrpolitik sei eine "Privatmarotte von Fritz Erler". Ihn bewegte statt dessen das leidenschaftliche Bemühen, die Bundeswehr nach dem Streit um die Wiederbewaffnung parteipolitisch zu neutralisieren. (5)

Anfang der achtziger Jahre hielt es der Parteivorsitzende Willy Brandt wieder für nötig, die Partei zu bewegen, sich um die Bundeswehr und ihre Angehörigen zu bemühen.(18) Jahre später richtete Bundesgeschäftsführer Glotz in einem Rundschreiben an die Parteiorganisation einen gleichlautenden Appell. Diese Aufmerksamkeit für die Zielgruppe Soldaten wurde durch Umfrageergebnisse bestärkt, die der CDU/CSU auf dem Feld der Äußeren Sicherheit einen deutlichen Kompetenzvorsprung zuerkannten.

Der Autor stellte im Parteiorgan VORWÄRTS unter Gesichtspunkten des politischen Marketing an die eigene Partei die Frage, ob man Zielgruppen vernachlässigen dürfe, die rein zahlenmäßig ein ernstzunehmendes Wählerreservoir darstellen: "Manche Ortsvereine und Unterbezirke tun sich schwer in direkten Kontakten mit der Bundeswehr, obwohl Soldaten, zivile Arbeitnehmer und ihre Familien über zwei Millionen Menschen in der Bundesrepublik ausmachen - mehr als jede Großdemonstration der Friedensbewegung". (19) Für den Bundestagswahlkampf 1990 brachte der Parteivorstand "Vorschläge zur praktischen Zusammenarbeit mit der Bundeswehr" heraus. Nicht alle Kandidaten und Parteigliederungen dürften sie zum Anlaß für eigene Aktivitäten benutzt haben ...

Politische Botschaften werden durch Personen ungleich wirksamer als durch programmatische Texte vermittelt. Zum fruchtbaren Verhältnis der SPD zur Bundeswehr im ersten Jahrzehnt der sozialliberalen Koalition hat die *erfolgreiche Arbeit sozialdemokratischer Verteidigungsminister* entscheidend beigetragen. Helmut Schmidt war - wie vielfach belegt (20, 7) - der von der Bundeswehr geradezu ersehnte erste sozialdemokratische Verteidigungsminister der Bundesrepublik Deutschland. Er war für Truppe und militärische Führung ein unbequemer, fordernder und ideenreicher Gestalter und Vorgesetzter. Er fürchtete allerdings linke Kräfte in der Partei, die dem "Nachfolger Noskes" Knüppel zwischen die Beine werfen könnten. (21) Auf den von den Soldaten heißgeliebten Georg Leber, dem - wohl zu Recht - fehlende innere Distanz zur Bundeswehr vorgeworfen wurde, folgte Hans Apel. Ihm merkte man an, was er später selbst beschrieb: er hatte dieses Ressort nie aus eigenem Antrieb angestrebt. (22) Verglichen mit ihren konservativen Nachfolgern Wörner, Stoltenberg, Scholz und Rühe kann sich die Bilanz sozialdemokratischer Verteidigungsminister mehr als sehen lassen!

4. Deutsche Einheit oder Westbindung

Gab es einen Dritten Weg ?

Kurz vor dem legendären Godesberger Parteitag 1959, der den außen- und sicherheitspolitischen Kurswechsel der SPD einleitete, verabschiedete der Parteivorstand den *Deutschlandplan.* Mit ihm schlug die Partei die Festlegung einer Entspannungszone aus beiden Teilen Deutschlands, Polen, Tschechoslowakei und Ungarn vor. Abrüstung und Abzug von Fremdtruppen sollten diese zum Kern eines europäischen Sicherheitssystems machen und die Voraussetzung für den Austritt aus beiden Militärbündnissen schaffen. (23)

Die *"Einbeziehung ganz Deutschlands in eine europäische Zone der Entspannung"* kehrt im *Godesberger Programm* wieder - nicht jedoch der Austritt der beteiligten Staaten aus NATO und Warschauer Pakt. Das Programm verzichtet andererseits auf die positive Erwähnung des westlichen Bündnisses und hält mit der Bejahung der Landesverteidigung gewissermaßen die Mitte zwischen dem Deutschlandplan und der wegweisenden Bundestagsrede Wehners vom 30. Juni 1960. Die Weitsicht des Godesberger Programms trotz seiner Zeitgebundenheit wird durch den Hinweis auf die Notwendigkeit einer "mit Machtmitteln ausgestatteten internationalen Rechtsordnung, die nationale Landesverteidigungen ablösen wird", unterstrichen.

Zu der Beschreibung eines notwendigen europäischen Sicherheitssystems kehren sozialdemokratische Außen- und Sicherheitspolitiker unter wechselnden Rahmenbedingungen immer wieder zurück. Der Weiterentwicklung der Europäischen Gemeinschaft zur Politischen Union durch den Vertrag von Maastricht 1992 und ihrer gemeinsamen Außen- und Sicherheitspolitik mißt ein Positionspapier der SPD "eine den Bereich der Sicherheitspolitik weit überschreitende grundsätzliche Bedeutung" zu. (24)

Mit der außenpolitischen Rede Herbert Wehners am 30. Juni 1960 im Deutschen Bundestag erkannte die SPD die in den fünfziger Jahren geschaffenen *Fakten der Westbindung* ohne Wenn und Aber an. Den nur ein

Jahr alten Deutschlandplan bezeichnete er als "Vorschlag, der der Vergangenheit angehört". Der Kölner Bundesparteitag beschloß zwei Jahre später: "Die außenpolitische Stellung der Bundesrepublik Deutschland auf der Seite des Westens ist unverrückbar."
Auch der ostpolitische Vordenker Egon Bahr akzeptierte in seinen die sozialliberale Außenpolitik vorbereitenden Schriften 1969 die Westbindung als Rahmenbedingung für alle operativen Schritte. (26) In der bundesdeutschen Bevölkerung war die in der Politischen Klasse quasi als Staatsräson überhöhte Westbindung nie gleichermaßen verankert: Meinungsumfragen belegten bei genügend differenzierter Fragestellung immer wieder, daß der hohe Grundkonsens zur Mitgliedschaft im westlichen Bündnis und anderen Bindungen eher diffus und oberflächlich war. Alle programmatischen Festlegungen der Sozialdemokratie in den nachfolgenden Jahrzehnten wichen jedoch keinen Zollbreit von dem von Herbert Wehner 1960 verkündeten Hauptstrom ab: "Die Bundesrepublik Deutschland findet das ihr erreichbare Maß an Sicherheit nur mit ihren Partnern im Atlantischen Bündnis." (27)
Dies, obwohl die GASP wegen der weitreichenden Konsensregel und der vagen Option auf eine gemeinsame Verteidigung kaum über die bisherige Europäische Politische Zusammenarbeit hinausgeht. Mit der Instrumentalisierung der Westeuropäischen Union kompliziert die Europäische Union überdies das unvernetzte Nebeneinander der für die Sicherheit Europas zuständigen Institutionen. (25)
Sogar grüne Politiker entdeckten die Westbindung als überdauernde Grundorientierung der Bundesrepublik. In einer "NATO-Broschüre" wendet sich Joschka Fischer 1988 im gleichen Atemzug gegen die "Wiedervereinigungs-Illusion" wie gegen den von den "Fundis" in den eigenen Reihen geforderten Austritt aus dem Bündnis. Wenig später fühlte sich ein pensionierter Viersterne-General bemüßigt, den Zusammenhang umzukehren: Günter Kiessling empfahl noch kurz vor dem Zusammenbruch des Kommunismus die Neutralisierung Deutschlands als Königsweg zur Wiedervereinigung. (28)
Bekenntnisse zur Westbindung wurden im Zuge internationaler Abkommen

zu Entspannung und Abrüstung in Ost und West zunehmend abgelöst von der Einschätzung, beide politischen und militärischen Vertragssysteme seien Stabilisatoren des Status Quo und damit kriegsverhindernd. So kamen die Sozialdemokraten Bahr, von Bülow und Voigt noch 1989 zu der grundlegenden Feststellung: "Dieses Konzept verlangt den Fortbestand von NATO und Warschauer Vertragsorganisation". (29) Wenig später formulierte eine Projektgruppe des SPD-Parteivorstandes etwas vorsichtiger: "Unter der Prämisse, daß ... die beiden Bündnisse jedenfalls bis zum Ende von Wien II und die Bundesrepublik und die DDR Mitglieder in ihren Bündnissen bleiben..." (16)

Je mehr die deutsche Einheit in Sichtweite kam, desto mehr entdeckte die Linke in der Bundesrepublik (auch die SPD-Linke) ihre eigene Westbindung. Spöttische Beobachter konstatieren, daß 1990 die Kluft zwischen politischer Ost- und persönlicher Westorientierung beseitigt werden konnte: Um innere Distanz zu "Großdeutschland" zu zeigen, können sich linke Wessis nun auch politisch zum Westen und damit zum Status Quo Ante bekennen. (30)

Im Rahmen der Westorientierung war jedoch das Verhältnis der bundesdeutschen Politik zu den Vereinigten Staaten als der Vormacht der Allianz nie ungetrübt. Helmut Schmidt beschrieb bereits 1961 eine Krise der NATO, die auf das *mangelnde Vertrauen Westeuropas in die Schutzgarantie der USA* zurückzuführen sei, denen er außerdem immer wieder einen Mangel an Führung vorwarf. (8) Fast zwanzig Jahre später hielt er beiden Supermächten vor, die Europäer wie Klienten zu behandeln. (31)

Schmidt ging so weit, als Alternative zur amerikanischen Dominanz Frankreich 1986 eine Führungsverantwortung für Deutschland zuzuschreiben. (32) Aus ihm sprach die Kriegsgeneration, die sich - vor der Einheit - Deutschland als politisch starke Macht auf dem Kontinent nicht vorstellen konnte und wollte. Der britische Historiker Timothy Garton Ash nimmt außerdem bei ihm einen "vorsichtigen und staatsmännischen deutschen Gaullismus" wahr. (26) Henry Kissinger wiederum glaubte, der deutsch-französischen Militärkooperation entgegenhalten zu müssen: "Wo kann

dieses Korps eingesetzt werden ohne amerikanische Aufklärung, ohne amerikanische logistische Unterstützung und ohne die amerikanischen Fähigkeiten, es wieder herauszuhauen ...?" (33)
Kissinger warnte, die NATO sei die "einzige Institution...., die Amerika organisch mit Europa verbindet", und deshalb von beiden Seiten pfleglich zu behandeln. Aber gerade im operativen Alltag der NATO konnte von gleichberechtigter Partnerschaft keine Rede sein. Der Verfasser mußte als Berichterstatter der SPD-Bundestagsfraktion im Untersuchungsausschuß zur Flugtagkatastrophe von Ramstein 1988 mit Entsetzen Kenntnis nehmen von der mehr als nachlässigen Genehmigungspraxis gefahrenträchtiger Manöver und Übungen der Alliierten durch deutsche Behörden. Im Fokus dieses schrecklichen Ereignisses wurde zweierlei deutlich: Die objektiv fortdauernden Sonderrechte der Siegermächte des Zweiten Weltkriegs bis zur deutschen Einheit und - darüber hinaus - die Willfährigkeit der deutschen Seite im Umgang mit den Alliierten.
In den fünfziger Jahren war der programmatische Zusammenhang zwischen dem Kurs Deutschlands in der Außen- und Sicherheitspolitik und der Frage der Wiedervereinigung besonders eng. Der Deutschlandplan der SPD "verhindert den Dritten Weltkrieg - bringt die Wiedervereinigung"! (23) Etwas weniger plakativ stellte das Godesberger Programm 1959 einen direkten Zusammenhang zwischen einem europäischen Sicherheitssystem und der Wiedervereinigung her. Erler in der Parteitagsdebatte: "...weil ich mir anders die Wiedervereinigung überhaupt nicht vorstellen kann".
Egon Bahr ließ auch in den sechziger Jahren Bereitschaft erkennen, die deutsche Einheit als Gegenleistung für die Neutralisierung Deutschlands ins Auge zu fassen. (26) In einer Meinungsumfrage votierte noch 1981 eine Mehrheit in der Bundesrepublik für einen *Verzicht auf die NATO-Mitgliedschaft zugunsten der Wiedervereinigung.* (34) Helmut Schmidt vermutete 1986 Chancen für die Einheit "irgendwann im nächsten Jahrhundert", traute seinen Landsleuten im Verfolgen dieses Ziels jedoch dieselbe Hartnäckigkeit wie den Polen zu. (32)
Kiessling wendete sich kurz vor dem Zustandekommen der staatlichen Ein-

heit gegen die "unsinnige Forderung" westdeutscher Politiker, ein wiedervereinigtes Deutschland müsse im Bündnis verbleiben. Sogar die Mitgliedschaft in der Europäischen Union hielt er für unvereinbar mit deutschen Interessen, da sie auf die Überwindung der Nationalstaaten angelegt sei. (28)

Die SPD in der DDR verlangte in ihrem Grundsatzprogramm noch im Februar 1990 die Auflösung der Blöcke im Zuge der deutschen und europäischen Einigung. Und die West-SPD schloß zum gleichen Zeitpunkt aus, daß das vereinigte Deutschland Mitglied der NATO sein könne. (16) Nur als Übergangsregelung konnten sich die sozialdemokratischen Autoren eines Positionspapiers im Frühjahr 1990 die Mitgliedschaft des Vereinten Deutschland in der NATO vorstellen, verbunden mit Sonderregelungen für die neuen Länder. (24)

Der Verfasser beschrieb angesichts solcher Sonderregelungen die Gefahren eines "Zwei-Zonen-Staats unter alliierter Kontrolle" und stellte der häufig gestellten Frage nach der *Westverträglichkeit der deutschen Einheit* die nach der Ostakzeptanz als gleichermaßen bedeutsam gegenüber. (35) In dieser historischen Zeitenwende irrten auch andere: So meinte General a.D. Gerd Schmückle, die NATO habe ihre historische Funktion erfüllt.

Zwei Jahre später wies eine überraschend große Mehrheit in Meinungsumfragen im wiedervereinigten Deutschland alle Überlegungen eines Abstreifens alter Bindungen zurück. Warum auch: dieser Preis für die Einheit mußte nicht entrichtet werden! Einem ehemaligen deutschen Botschafter blieb es vorbehalten, die Forderung nach Auflösung der westlichen Vertragssysteme mit dem historischen Verweis zu versehen, älter als etwa vierzig Jahre könnten internationale Bündnisse in der modernen Staatenwelt nicht werden. (36) Wir werden erleben, welche Beweiskraft diesem Diktum zukommt !

5. Überwindung des Kalten Krieges ?

Der Streit der Ideologien und die gemeinsame Sicherheit

Lange vor den Chancen ihrer Umsetzung prägte der Architekt der sozialdemokratischen Ostpolitik, Egon Bahr, am 15. Juli 1963 in der Evangelischen Akademie Tutzing ihren Grundgedanken: *Wandel durch Annäherung*. Damit wurde der Status Quo der deutschen Teilung als Ausgangspunkt für ihre Überwindung akzeptiert. Bahr: "Wenn es richtig ist, ... daß die Zone dem sowjetischen Einflußbereich nicht entrissen werden kann ..." Henry Kissinger nannte Egon Bahr rückblickend einen "altmodischen deutschen Nationalisten" und schrieb ihm und seiner Strategie "kühle Berechnung" zu - im Gegensatz zur "Sentimentalität" Willy Brandts. (37)

Die ideologische *Unvereinbarkeit von Sozialdemokratie und Kommunismus* durfte dabei in keiner Weise in Frage gestellt werden. So faßte der Parteirat der SPD am 26. Februar 1971 einen scharfen Abgrenzungsbeschluß zwischen "freiheitlicher Demokratie" und "Kommunistischer Parteidiktatur". Keine Friedenspolitik, keine außenpolitische Annäherung könne diesen Gegensatz der Systeme beseitigen.

Eine in der Sache richtige und zur Bewältigung der Nachkriegssituation notwendige Politik setzte sich durch. Die Union mußte nach vorübergehendem Widerstand bereits als Opposition im Bund die wesentlichen Fakten akzeptieren und als Regierungspartei den Kurs in der Deutschland- und Osteuropapolitik fortsetzen. Für die Sozialdemokratie warf der Verlust der Regierungsverantwortung 1982 die Frage nach der geeigneten Weiterführung ostpolitischer Aktivitäten und Gesprächsbeziehungen auf. Sie entschied sich für Projektarbeit auf der Ebene der Parteien im Wissen um den Wesensunterschied von Parteien in West und Ost.

Außerdem entschieden Parteivorstand und Bundestagsfraktion, in dieser zweiten sozialdemokratischen Ostpolitik in wesentlich stärkerem Maße Fragen der militärischen Entspannung und Abrüstung im Zentrum Europas zum Verhandlungsgegenstand zu machen. Zwischen SPD und SED 1986 ausgehandelte "Grundsätze für einen atomwaffenfreien Korridor in Mittel-

europa" stellen eine abgrenzende Beschreibung des Verhältnisses der Parteien voran: "Mit diesem Papier verschwindet keiner der Unterschiede, die es zwischen SPD und SED über Gesellschaftssysteme und Wertvorstellungen gibt."
Sogar in Kreisen der Partei und ihrer Gremien fand jedoch das zwischen SPD und SED 1987 ausgehandelte Papier über den *"Streit der Ideologien und die gemeinsame Sicherheit"* geteilte Aufnahme. Der Verfasser erinnert sich an Sitzungen der sozialdemokratischen Bundestagsfraktion und des Parteirates, bei der die Autoren - vor allem Egon Bahr und Thomas Meyer - sich mit einigen Widerständen auseinanderzusetzen hatten. Besonders umstritten war die dem System der DDR sozusagen realpolitisch zuerkannte Existenzberechtigung und das Prinzip der Nichteinmischung in ihre inneren Angelegenheiten. Dies traf auch auf den Widerspruch linker Sozialdemokraten, die seit Jahren inoffizielle Kontakte zu Oppositionellen in der DDR pflegten.
Der Parteirat stellte im November 1987 lakonisch und zutreffend fest: "Das Verhältnis von Sozialdemokraten und Kommunisten in der Bundesrepublik ist davon nicht berührt." Damit sollte genau jene Rezeption des "Streitpapiers" in der Bundesrepublik verhindert werden, die es als die Beendigung "jahrzehntelanger, zeitweise sprachloser Konfrontation der Sozialdemokratischen und der Kommunistischen Partei in Deutschland" feierte. (38) Das in dem Dokument beschriebene - ideengeschichtlich unumstrittene - gemeinsame humanistische Erbe, auf das sich beide Seiten berufen, lieferte solchen Interpretationen allerdings die passenden Stichworte. Der Wettbewerb der Systeme "zur Lösung der übergreifenden Menschheitsfragen" war zu jenem Zeitpunkt aus Sicht der Bevölkerung im westlichen wie im östlichen Teil Deutschlands wohl längst entschieden...
Fünf Jahre später, 1992, kam die Grundwerte-Kommission der SPD in einer rückblickenden Bewertung des SPD-SED-Ideologiepapiers zu der Bewertung: "Trotz allem - hilfreich". Sie räumte allerdings ein, daß "das offensive und öffentliche Drängen auf beides, Frieden und Menschenrechte, in den späteren Phasen der Entspannungspolitik eher möglich" gewesen

wäre. Auch habe sie in den achtziger Jahren "die SED ernster genommen, als sie, von heute aus gesehen, zu nehmen war." Timothy Garton Ash, einer der schärfsten Kritiker jener zweiten Phase sozialdemokratischer Ostpolitik, bezeichnet den Antrieb, durch Kontakte zu kommunistischen Parteien im damaligen Ostblock Reformen von oben in Gang zu setzen, als "Irrtum". (26)

Noch 1988 entwarf eine gemeinsame Arbeitsgruppe der SPD-Bundestagsfraktion und des Zentralkomitees der SED den Vorschlag einer "Zone des Vertrauens und der Sicherheit in Zentraleuropa". Garton Ash wirft Egon Bahr, für den Sicherheit der "Schlüssel für alles" sei, die *"Fortsetzung der Ostpolitik auf militärischem Gebiet"* vor. Mit dieser Akzentverschiebung versuchte die SPD jedoch bewußt, berechtigter Kritik und Selbstkritik an der gouvernementalen Ostpolitik der siebziger Jahre Rechnung zu tragen. Unbestreitbar war das Jahrzehnt der Entspannung in Deutschland und Zentraleuropa gleichzeitig das Jahrzehnt wenig beachteter sowjetischer Aufrüstung gewesen, die dem Westen später eine selbstzerstörerische Auseinandersetzung um die Nachrüstung aufzwang.

Ob die "Schattenpolitik" der sozialdemokratischen Opposition im Bund eine Zeit gemeinsamer Erklärungen "ohne nennenswerte Auswirkungen" (26) war, wird je nach Standort und subjektiver Erfahrung unterschiedlich beurteilt. Die Opposition in der DDR konnte sich in ihrer Auseinandersetzung mit dem Regime in seiner Spätphase jedenfalls auf das veröffentlichte "Streit-Kultur-Papier" berufen. Die inzwischen vorliegenden Dokumente über Gespräche der SED mit führenden Sozialdemokraten enthalten eine Vielzahl von Beispielen, wie die Kontakte für "kritische Fragen" an das DDR-Regime genutzt wurden. Die Bundestagswahl 1990 hätte für die SPD ein wesentlich besseres Ergebnis haben können, wäre es gelungen, die *sozialdemokratische Wegbereitung der deutschen Einheit* von Kurt Schumachers Kampf gegen die frühe Westbindung bis zur Ostpolitik Willy Brandts und Helmut Schmidts als Kontinuum darzustellen.

6. Das Bündnis vom atomaren Zwang befreien

Das Dilemma der Abschreckung

Die Auseinandersetzung um die Ausstattung der Bundeswehr mit atomaren Trägerwaffen Ende der fünfziger Jahre wurde kaum weniger scharf und grundsätzlich geführt wie jene um die Wiederbewaffnung selbst. Helmut Schmidt am 22. März 1958 im Deutschen Bundestag: "Wir sagen dem deutschen Volk in voller, ernster Überzeugung, daß der Entschluß, die beiden Teile unseres Vaterlandes mit atomaren Bomben gegeneinander zu bewaffnen, in der Geschichte einmal als genauso schwerwiegend und verhängnisvoll angesehen werden wird, wie es damals das Ermächtigungsgesetz für Hitler war." Ein provozierender Vergleich, der wachrütteln sollte! Politisch Verantwortliche und Engagierte auf allen Ebenen und in allen Kreisen der Gesellschaft trieb die Frage der Atombewaffnung um. So beantragte die SPD-Fraktion des rheinland-pfälzischen Landtags am 22. April 1958, "daß bei der Bereitstellung von Gelände in Rheinland-Pfalz für die atomare Aufrüstung die Landesregierung nicht mitwirken wird." Ein Antrag ohne Chancen der Umsetzung. In den siebziger Jahren sprach die CDU-geführte Landesregierung dagegen voller Stolz vom Land als "Flugzeugträger der NATO" und verwies auf Kaiserslautern als größten Auslandsstandort der US Army, auf Koblenz als größte deutsche Garnison. Erst in den achtziger Jahren wurde das zivil-militärische Verhältnis wieder konfliktreicher: die SPD verlangte den Abzug der in der Pfalz stationierten chemischen Waffen, der später mit allgemeiner Zustimmung vollzogen wurde.

Die *Heidelberger Thesen der Evangelischen Kirche* aus dem Jahr 1959 dokumentieren das Dilemma der atomaren Abschreckung und den Spagat dieser Glaubensgemeinschaft zwischen Friedensbewegung und Militärseelsorge: Die Bereitschaft zum Einsatz von Atomwaffen im Verteidigungsfall ist eine "heute noch mögliche christliche Handlungsweise". Fritz Erler begrenzte dagegen auf dem Godesberger Parteitag 1959 die Reichweite der sicherheitspolitischen Kurskorrektor: "Das Ja zur Landesverteidigung heißt... nicht ein Ja zur atomaren Bewaffnung der Bundeswehr." Im Godesberger Programm stellte sich die SPD auch schützend vor jene Kriegsdienstverweigerer, die den Dienst an Massenvernichtungswaffen (!) verweigern.

Helmut Schmidt beschrieb noch 1961 das nuklear-strategische Vergeltungskonzept als "töricht", da es Europa im Verteidigungsfall die Alternative Unterwerfung oder Vernichtung aufzwinge. Er wendete sich auch gegen die Senkung der Atomschwelle durch Entwicklung und Stationierung taktischer Atomwaffen sowie deren vorgesehenen frühen Ersteinsatz in der Verteidigung im Rahmen der NATO-Strategie. (8) Der Kölner Parteitag forderte 1962, "die NATO von dem Zwang (zu) befreien, in Fällen konventioneller Aggression Atomwaffen einsetzen zu müssen."

Die *konventionelle Unterlegenheit der NATO* gegenüber der Sowjetunion kennzeichnete Schmidt immer wieder als die eigentliche militärstrategische Schwäche des Westens. In dieser Bewertung blieb er sich ebenso treu wie in der Forderung nach Gleichgewicht in allen wesentlichen Waffenkategorien. Obwohl er seine fundamentale Skepsis gegenüber einer wesentlichen Komponente der westlichen Verteidigung nie verlor - "Es ist ... eigentlich fast unmöglich, diese Strategie zu akzeptieren, wenn man in der Mitte Europas lebt" (32) - belastete er als Bundeskanzler mit der drohenden Nachrüstung infolge des NATO-Doppelbeschlusses die Akzeptanz der Verteidigung in der Bundesrepublik auf das äußerste. Die Nachrüstungsdebatte provozierte auch in der politischen Klasse verspätete fundamentalistische Bekenntnisse: "In der Atomwaffe steckt der Geist des Nazismus." (39)

Haben Atomwaffen politischen, strategischen oder operativen Charakter; ist diese Frage in der "Strategic Community" jemals mit allgemeiner Zustimmung geklärt worden ? Die Heeresdienstvorschrift 100/100 der Bundeswehr stuft sie als politische Waffen ein: "Der erste Einsatz dieser Kampfmittel stellt eine grundlegende Veränderung des Krieges dar ..." Dieser Bewertung steht die militärstrategische Option des frühen Ersteinsatzes auch mit taktischen Nuklearwaffen im Verteidigungsfall diametral entgegen. In den sechziger Jahren galt die Senkung der Atomschwelle sogar als Beweis stra-

tegischer Glaubwürdigkeit sowie der engen Anbindung der Vereinigten Staaten an Westeuropa.
Kein Wunder, daß diese in ihren möglichen Konsequenzen erschreckende und in sich widersprüchliche Militärdoktrin des westlichen Bündnisses in Meinungsumfragen über Jahrzehnte niemals auf einem Grundkonsens aufbauen konnte. Die einfache Wahrheit, daß in einer Demokratie etwas so wichtiges wie ihr Verteidigungskonzept von einer deutlichen Mehrheit der Bürgerinnen und Bürger getragen werden muß, wurde in der Bundesrepublik Deutschland von politischen Verantwortungsträgern systematisch verdrängt. Der unbequemen Aufgabe, das Undenkbare zu denken, unterzog sich eine kleine Funktionselite in Politik, Militär und Wissenschaft hinter verschlossenen Türen. Bereits mit der Vernachlässigung des zivilen Bevölkerungsschutzes beim Wiederaufbau der Bundesrepublik konnte die Wirksamkeit der Verteidigungsvorbereitungen widerlegt werden.
Der spätere Bundespräsident von Weizsäcker bestätigte aus aufgeklärt konservativer Sicht die *mangelnde Akzeptanz der Abschreckung* auf dem CDU-Parteitag 1981: "Innerlich verarbeitet und akzeptiert haben die meisten Menschen dieses paradoxe Denksystem nie ... " Rückblickend spricht vieles dafür, daß in der politischen Entwicklung der Bundesrepublik die Auseinandersetzung um die Wiederbewaffnung und der "Kampf dem Atomtod" ergebnislos abgebrochen, aber nicht ausgetragen und verarbeitet wurden. Die zweite bundesrepublikanische Friedensbewegung in den achtziger Jahren belebte das tiefe Unbehagen an den Atomwaffen wieder: die symbolischen Beschlüsse von Kommunalvertretungen, ihr Territorium zur "atomwaffenfreien Zone" zu erklären, legen davon Zeugnis ab.
Der Abzug der Atomwaffen aus jenen Staaten, die über sie nicht verfügen - eine alte Forderung Egon Bahrs - wird mit der Überwindung der Teilung Deutschlands konkrete Utopie. Das sozialdemokratische Regierungsprogramm 1990 postuliert: "Deutschland wird atomwaffenfrei" - früher oder später wird dies so sein. Damit ist die Zukunft der weltweiten Atomrüstung jedoch nicht geklärt und auch ihre bisher kriegsverhindernde Wirkung nicht außer Kraft gesetzt.

Die Rückentwicklung der atomaren Komponente auf eine Minimalabschreckung mit wenigen, seegestützten Systemen ist ein Zukunftsmodell mit hohen Realisierungschancen. Damit sind die Fragen der Verfügungsgewalt und der Weiterverbreitung der Technologie allerdings nicht gelöst. Einer notwendigen Gesamtlösung kommt die alte westliche Idee des Atomwaffenpools am nächsten, in dessen Rahmen alle Nuklearwaffen der nationalen Verfügung schrittweise entzogen und der internationalen Staatengemeinschaft übertragen werden. (40) Eine Weltordnung mit einem solchen Regime über die gefährlichsten Waffen der Menschheitsgeschichte wäre keine von Atomwaffen freie Welt - aber möglicherweise sicherer als diese.

7. NATO-Doppelbeschluß und Nachrüstung

Die neue Friedensbewegung

Die von seinem wesentlichen Urheber, dem deutschen Bundeskanzler Helmut Schmidt, angelegte Ambivalenz des NATO-Doppelbeschlusses spiegelte sich im Beschluß des Berliner Bundesparteitages der SPD 1979 noch lupenrein wieder. Zwar sollte rüstungskontrollpolitischen Regelungen (zum Abbau der sowjetischen Überrüstung) der politische Vorrang gegeben, gleichzeitig sollten jedoch die "notwendigen verteidigungspolitischen Optionen" festgelegt werden, damit diese im Fall eines Scheiterns der Verhandlungen wirksam werden könnten. In München beschloß die Partei drei Jahre später schon weniger eindeutig: "Es darf... *keinen Automatismus der Stationierung* geben".

Damit deutete sich - zusätzlich zur schwindenden Mehrheit unter den Delegierten - der spätere Ausstieg der Regierungspartei SPD aus der Bindung an den Doppelbeschluß an. In Köln begründete sie 1983 - nach dem Regierungswechsel - das Verlassen der gemeinsamen Grundlage mit der seitens der Vereinigten Staaten nicht vorgenommenen SALT II-Ratifizierung, dem Verzicht auf die Berücksichtigung französischer und britischer Nuklearwaffen und auf die Alternative der Seestationierung und schließlich damit, daß der Kompromiß des "Waldspaziergangs" auch in Washington verworfen worden war.

Nach all diesen Konditionierungen kam die deutsche Sozialdemokratie zu einem unkonditionierten Nein: "Die SPD lehnt die Stationierung von neuen amerikanischen Mittelstreckensystemen auf dem Boden der Bundesrepublik ab." Um den Kurswechsel auf die Rüstungskontrollpolitik zu begrenzen und Irritationen zu vermeiden, stellte der Parteitag außerdem fest: "Die einzig wirksame Landesverteidigung...ist die Kriegsverhütung... Bündnis und Bundeswehr sind für die Erreichung dieses Ziels unverzichtbar. Den Soldaten der Bundeswehr gebührt für ihren Dienst Respekt und Dank."

Bereits 1961 wies Helmut Schmidt auf eine "Raketenlücke" in der westlichen Verteidigung hin (8); 1977 formulierte er in London die Philosophie des späteren Doppelbeschlusses: die Sowjetunion zur Zurücknahme der Aufrüstung mit atomaren Mittelstreckenraketen bewegen, um ein Gleichziehen des Westens durch Aufrüstung vermeiden zu können. Dieses Gedankengebäude konnte zwangsläufig nur jene überzeugen, die von der sachimmanenten *Logik der atomaren Abschreckung* überzeugt waren. Willy Brandt formulierte in Köln demgegenüber die ohnmächtige Wut der Vielen, die Europa immer mehr als "Experimentier- und Detonier-, also Vernichtungsfeld der Supermächte" empfanden.

Schmidt fühlte sich als Lotse, der vom Schiff verlassen wird, und bekannte: "Ich halte in klarer Erkenntnis von Versäumnissen beider Großmächte am Doppelbeschluß vom Dezember 1979 auch heute fest". Er zitierte den Parteiratsbeschluß von 1972, daß keine Friedenspolitik "den Gegensatz der Systeme freiheitlicher Demokratie und kommunistischer Diktatur" übersehen dürfte. Hans-Jürgen Wischnewski beschrieb einige Jahre später mit vorsichtigen Worten die in jenen Jahren auf beiden Seiten gestörte Beziehung zwischen dem ersten und dem zweiten sozialdemokratischen Bundeskanzler, um zu resümieren, daß die Behandlung Schmidts auf dem Kölner Parteitag durch den Parteivorsitzenden nicht "sozialdemokratischer Solidarität und Haltung" entsprochen habe. (41)

Hans Apel, letzter Verteidigungsminister der SPD, wandte sich in Köln gegen das "unkonditionierte Nein"; der Verfasser pflichtete ihm in einem Debattenbeitrag bei. Das Protokoll weist über die Schlußabstimmung zu "Antrag 318 in der Fassung der Antragskommission" unter rund 400 Delegierten 14 Gegenstimmen und drei Enthaltungen sowie "anhaltenden, lebhaften Beifall" aus. Die denkwürdige Situation und ihre Atmosphäre ist damit kaum beschrieben: Um Helmut Schmidt wurde es im Saal, vor allem aber am Vorstandstisch angesichts der wenigen Handzeichen für die Fortgeltung des Doppelbeschlusses recht einsam.

Auch in der Bewertung der "Versäumnisse beider Großmächte" blieb Schmidt sich treu: Jahre später warf er dem amerikanischen Präsidenten Ronald Reagan vor, keine echte Kompromißabsicht gehabt zu haben. Ohne verspäteten Triumph wird er wohl jenen Beobachtern Recht geben, die dem

Doppelbeschluß entscheidenden Anteil an der atomaren Abrüstung und Rüstungsbegrenzung in den achtziger Jahren zuschreiben.
Mit dieser leidenschaftlichen Auseinandersetzung entstand *die zweite Friedensbewegung in der Geschichte der Bundesrepublik*. Wie schon gegenüber der ersten in den fünfziger Jahren gestaltete sich das Verhältnis der Sozialdemokratie zu dieser Bewegung wiederum kompliziert und wechselvoll. Karsten Voigt beschrieb einen Grundirrtum der Friedensbewegten innerhalb und außerhalb der SPD: "Wie kann man mit denen ein Aktionsbündnis für den Frieden eingehen, die...über die wöchentliche Stationierung einer sowjetischen SS 20 kein Wort verlieren?" (11)
Der ebenfalls der Parteilinken zugeordnete Hugo Brandt beschwor die "simple historische Erfahrung..., daß noch allemal der Wehrlose gefressen wurde." Er plädierte andererseits dafür, daß die SPD die Friedensbewegung in sich aufnehmen müsse. (42) Auch Willy Brandt neigte zur Öffnung gegenüber den neuen Strömungen, die "nichts anstreben, was den Zielen des demokratischen Sozialismus fremd sein müßte". (41) Auf dem "Forum Frieden" der SPD im Mai 1981 wies er jedoch der Friedensbewegung die Rolle zu, Anstöße zu geben, während politische Verantwortung nur durch Wahlen legitimiert werden könne.
Umstritten ist - auch im nachhinein -, ob die Friedensbewegung nur durch den Kampfgegen die Nachrüstung zusammengehalten und gestärkt wurde. Hermann Scheer, der diese Bewertung vertrat, wandte sich gegen eine Integration, die die Sozialdemokratie nur schwächen könne. (43) Auf dem Bundesparteitag in München beschloß die SPD im Jahr 1982, daß der Pazifismus in ihren Reihen "historisch und aktuell...(einen) legitimen Platz hat". Das bedeutet im Umkehrschluß, daß er ein Teil der SPD, die SPD aber nicht ein Teil der Friedensbewegung sein kann. Egon Bahr wandte sich auf dem Kölner Parteitag ein Jahr später gegen Oskar Lafontaines leidenschaftliches Bekenntnis gegen Atomwaffen: "Das war Friedensbewegung und sehr sympathisch." Aber der Irrsinn dieser Waffen werde dadurch nicht aus der Welt geschafft.
In Handreichungen an die Parteiorganisation bezeichnete der Parteivorstand

die *Friedensbewegung als "unbequemen Bundesgenossen"* und empfahl, ihr "organisatorische Kapazitäten" zur Verfügung zu stellen (44), was auf Kritik einzelner Parteivorstandsmitglieder stieß. Hans Apel warnte vor einer Entwicklung der SPD zur "neutralistisch-pazifistischen Partei". (45)
Nach dem Ende der sozialliberalen Koalition spielten manche sozialdemokratischen Strategen mit dem Gedanken, die Mehrheit in der Bevölkerung durch die programmatische Annäherung an themenorentierte breite Bewegungen zurückzugewinnen: Frieden, Umwelt, Frauen. Die historische Parallele der fünfziger Jahre in der Bundesrepublik und das Beispiel der zeitweise nuklearpazifistischen britischen Labour-Partei - verlorene Wahlen trotz hoher Akzeptanz bei den gesellschaftlichen Bewegungen - ermunterte die Partei als Ganzes jedoch nicht, solchen Wegweisungen zu folgen.
Strategische und taktische Unsicherheiten schienen überwunden, als die Partei 1986 in Nürnberg ihr aktuelles Verhältnis zur Friedensbewegung beschrieb. Zur Durchsetzung ihrer Friedenspolitik bedürfe sie der breiten Unterstützung der Bevölkerung, der Friedensbewegung, aus Gewerkschaften und Kirchen. "Dabei müssen es Partei und Friedensbewegung als selbstverständlich hinnehmen, daß nicht alle ihre Forderungen und Handlungsweisen übereinstimmen..."
Aus dem Hauptstrom sozialdemokratischer Außen- und Sicherheitspolitik brachen in der Folgezeit nur die Jungsozialisten aus, die unverdrossen und wirkungslos die Abschaffung der Bundeswehr und ein "Europa ohne Armeen" fordern. Helmut Schmidt ließ einige Jahre nach dem Kölner Parteitag keine Sympathie für die Friedensbewegung, aber Verständnis dafür erkennen, "warum diese Menschen ernste Befürchtungen haben". (32) 1991 forderte der Parteivorstand der SPD die Mitglieder zum wiederholten Male zur Beteiligung am Ostermarsch, aber auch dazu auf, eigene - sozialdemokratische - Standpunkte einzubringen. Eine selbstkritische Analyse beschrieb später einigermaßen süffisant das Selbstverständnis der politischen Klasse - auch in ihrem Verhältnis zu Bewegungen - in Deutschland: Meinungen und Stimmungen der Gesellschaft folgen; "mit Reden begleiten, was ohnehin geschieht". (46)

Nach der klassischen Definition Max Webers müßte die moralische Kraft der *Friedensbewegung der Kategorie der Gesinnungsethik* zugeordnet werden - im Unterschied zu realpolitischem Handeln in der Friedenspolitik. Mancher in der Friedensbewegung engagierte Sozialdemokrat würde diese Kategorisierung von sich weisen und die Ziele seines Bemühens der Verantwortungsethik im Sinne Webers zuordnen. Die Unterscheidung wird weiter dadurch erschwert, daß politisch Engagierte auf verschiedenen Feldern der Politik in unterschiedlichem Ausmaß ethische Wertmaßstäbe anlegen. So kann ein Landespolitiker, der sich mit größter Nüchternheit der Beratung von Haushaltsplänen oder der Verstärkung der Polizeidichte im Lande widmet, in Fragen von Frieden und Sicherheit ein reiner Überzeugungstäter sein.
In der Blütezeit der zweiten bundesdeutschen Friedensbewegung waren keineswegs alle Sozialdemokraten ausschließlich an der "Friedensfront" tätig. Das klassische Feld der Außen- und Sicherheitpolitik - in traditionellem Politikverständnis geradezu idealtypisch von der konsequenten Vertretung von Interessen geprägt - verlangte seinen Tribut. Hans Koschnick, Graf Baudissin und Klaus von Schubert stellten 1981 fest: " Seit Hiroshima basiert Kriegsverhinderung ... immer noch auf gegenseitiger Abschrekkung."(47) Und Klaus von Dohnanyi kritisierte in derselben Publikation des Parteivorstandes die Hochrüstung der Sowjetunion, mit der sie in den siebziger Jahren die militärischen Gewichte zu ihren Gunsten verschoben habe. Die SPD-Bundestagsfraktion - der Realpolitik zu allen Zeiten etwas mehr zugeneigt als die Partei - äußerte während der heißen Phase des Nachrüstungsstreits: "Wir dürfen nicht den Druck von der Sowjetunion nehmen..." und, daß die Bedrohung durch SS - 20 - Raketen nicht hingenommen werden könne. (4) Egon Bahr, auf den sich alle Nachrüstungsgegner in der SPD berufen, beschrieb im Deutschen Bundestag am 15. Juni 1983 die nicht tolerierbare *sowjetische Hochrüstung und Bedrohung.*
Auf dem Kölner Parteitag betonte Willy Brandt kurz vor der Entscheidung: "Auf eine glaubhafte Verteidigungspolitik - durch die Bundeswehr und im Bündnis - können wir nicht verzichten." Und Norbert Gansel begründete

gar die unveränderte Notwendigkeit der atomaren Abschreckung, die auch ohne Pershing-II-Raketen funktionieren könne. Der SPD-Parteivorstand warnte die Gliederungen vor "jeder Konfrontation gegenüber der Bundeswehr", die unter sozialdemokratischen Verteidigungsministern "zu einer leistungsfähigen und verläßlichen Streitkraft in unserer Demokratie" geworden sei. (49) 1986 forderte der Nürnberger Bundesparteitag überdies den Warschauer Pakt auf, seine Offensivstrategie aufzugeben.

Trotz dieser Belege realpolitischer "Ausgewogenheit" wirft Garton Ash der Sozialdemokratie der achtziger Jahre vor, durch die *Überbewertung des Friedens* und die Unterbewertung der Freiheit traditionelle westliche Werte relativiert zu haben. (26) Und Botho Strauß stellt die provozierende Frage, "ob unsere Gewaltlosigkeit den Krieg nicht bloß auf unsere Kinder verschleppt". (50) Befinden wir uns mitten in der Postmoderne, sind alle Utopien der 68er Bewegung als Illusionen entlarvt?

Die Gleichzeitigkeit einer breiten Friedensbewegung und der konservativen Wende wirft die Frage auf, welche Spuren der Kampf gegen die Nachrüstung in der deutschen Bevölkerung hinterlassen hat. Das Ausmaß der *Kriegsdienstverweigerung* wird landläufig auch als Indikator für die allgemeine *Akzeptanz der Landesverteidigung* gewertet. Zwar stehen in Meinungsumfragen des Jahres 1991 rund 30% potentiellen Verweigerern im Westen Deutschlands nur 38% junge Männer gegenüber, die ausdrücklich Wehrdienst leisten wollen. Differenzierte Untersuchungen in 1991 und 1992 belegen aber auch, daß Kriegsdienstverweigerer der "Staatsaufgabe Sicherheit" durchaus aufgeschlossen gegenüberstehen und eine deutliche Mehrheit von ihnen eine Freiwilligen-Armee befürwortet. (51,52)

Ohne Zweifel ist die Quote der Verweigerer an den Musterungsjahrgängen hoch und weiter steigend. Dies ist auch deswegen problematisch, weil der Bundeswehr damit kritisches Potential junger Staatsbürger entzogen wird. Da auf der Linken die Ausnahme Kriegsdienstverweigerung eher der Regelfall ist, finden wir bei Jungsozialisten und Grünen männliche Generationen nahezu ohne eigene Erfahrungen mit der Wehrpflichtigenarmee.

Ein Phänomen wird bei dem Vergleich des Selbstbilds sicherheitspolitischer

Experten und Soldaten der Bundeswehr mit ihrem Fremdbild, der Einschätzung durch die Bevölkerung, deutlich: Obwohl die Grundeinstellung gegenüber Soldaten in Deutschland positiv ist, fühlen diese sich abgelehnt. Die Experten wiederum leiden an der "zu emotionalen" sicherheitspolitischen Auseinandersetzung. (52) Zur Erklärung mag dienen, daß die Exponenten der jahrelangen Nachrüstungsdebatte für die überdauernden Meinungsströme in der Bevölkerung nicht repräsentativ sind: Der Normalbürger ist im Regelfall weder Berufsoffizier noch Anhänger von Pax Christi und bildet sich seine Meinung recht gelassen und unabhängig.

8. Gemeinsame Sicherheit

Verteidigung ohne Drohung

Abschreckung als "Verständigung derer, die sich nicht verständigen können" (53) war noch verbindliche Grundlage der von Helmut Schmidt kreierten *Sicherheitspartnerschaft.* Diese wiederum als Rahmen für Rüstungskontrolle und Abrüstung war ein qualitativer Entwicklungssprung gegenüber dem gerade von Schmidt jahrzehntelang vertretenen Gleichgewichtsprinzip, das die Rüstungsspirale nicht bremsen konnte, sondern immer wieder in Gang setzte.

Gemeinsame Sicherheit wurde als Begriff durch den Bericht der Bahr/Palme-Kommission eingeführt. Bahr, für den Sicherheit der "Schlüssel für alles" war, sah in dem Kommissionsergebnis die "Fortsetzung der Ostpolitik auf militärischem Gebiet". (26) Mit gemeinsamer Sicherheit ist die gegenseitige Anerkennung des Sicherheitsbedürfnisses und das Aushandeln von Streitkräftestrukturen, Waffensystemen und Militärstrategien zwischen gegnerischen Mächten gemeint, die nur noch zur Verteidigung, nicht aber zu Drohung und Angriff geeignet sind.

Innovative Überlegungen zur Weiterentwicklung der Sicherheitsstrukturen im geteilten Europa konnten auf zahlreiche *alternative Militärstrategien* Bezug nehmen, die seit den fünfziger Jahren den Aufbau der Bundeswehr und die Planungen des westlichen Bündnisses mit Gegenmodellen kritisch begleitet haben. Von Bogislaw von Bonin (15) über Franz Uhle-Wettler, der das deutsche Heer in Bewaffnung und Organisation für "unangemessen für das Gefechtsfeld Mitteleuropa" einstufte (54), bis zu Günter Kießling, der ein Heer von 300.000 Mann für Grenzsicherung und Verteidigung gegen einen Überraschungsangriff für ausreichend hielt (28), reicht die Palette der Fundamentalkritiker an der Struktur von Bundeswehr und Bündnis aus der deutschen Generalität.

Linker Motive meist gänzlich unverdächtig, betrachteten sie das Verhältnis von Aufwand und Ertrag westlicher Verteidigung als unstimmig, die bewegliche Verteidigung mit dem Panzer als Hauptwaffe als nicht-defensiv

und die Nuklearstrategie der NATO als Hemmnis für die Überwindung der Teilung in Deutschland und Europa. Nimmt man Querdenker wie Afheldt und Löser hinzu, dann vermischen sich bei diesen alternativen Militärexperten strategische, ökonomische, gesamtdeutsche und friedenspolitische Begründungen. Das Unbehagen an der Verteidigung der Bundesrepublik und ihren Mitteln vereinte Denkmodelle mit unterschiedlichstem politischem Hintergrund.
Ernstzunehmende fachliche Gegeneinwände konzentrieren sich auf die zur Anwendung von *Milizmodellen* erforderliche hohe praktische Wehrbereitschaft in der Bevölkerung oder die im Rahmen "defensiver Verteidigung" implizierte Raumaufgabe im Verteidigungsfall. Ob tatsächlich auch im 20. Jahrhundert der (Gegen-)Angriff die beste Verteidigung ist, ist in der "Strategic Community" der Bundesrepublik seitdem nicht mehr unumstritten.

Der "Paradigmenwechsel" hielt sich auch mit der Einführung des Denkmodells Gemeinsame Sicherheit in Grenzen: Sie kann "in der überschaubaren Zukunft nur mit den Bündnissen und nicht außerhalb erreicht werden". Und nukleare Abschreckung behält "als Übergang" ihre Berechtigung. Atomwaffen sollen jedoch nicht mehr auf dem Boden jener Staaten stationiert werden, die nicht über sie verfügen. Der Bericht der Arbeitsgruppe "Neue Strategien" hielt darüber hinaus die *der Stärkung konventionellen Verteidigungskraft* der NATO für angezeigt. (55)
Andreas von Bülow, der innerhalb der SPD am konsequentesten die Anregungen alternativer Militärstrategen aufgriff, kam 1984 zu der politischen Bewertung: "beide Seiten wollen Verteidigung". In der Analyse von Militärstruktur und Rüstung beschrieb er jedoch eine sowjetische Überlegenheit von 2:1 bis 3:1. (56) Horst Ehmke beklagte ein Jahr nach dem sozialdemokratischen Ausstieg aus dem Doppelbeschluß, daß die sowjetische Hochrüstung in Europa weitergeht. (57) Karsten Voigt warnte 1988 vor der "Vermutung dauerhaft defensiver militärischer Absichten" der Sowjetunion angesichts ihrer offensiven militärischen Strategie. (58)
Auch Egon Bahr betonte, daß zur "*Strukturellen Unfähigkeit zum Angriff*"

im Rahmen eines Systems Gemeinsamer Sicherheit ein "konventionelles annäherndes Gleichgewicht" unterhalb des "Schirms der globalen strategischen Waffen" der beiden Supermächte notwendig sei. Trotzdem sei ein solches System dem strategischen Status Quo überlegen, denn "Abschrekkung und Aufrüstung sind Zwillinge". (59) Der 1986er Bundesparteitag in Nürnberg verlangte eine Reform der Streitkräftestruktur, die Bundeswehr und Bündnis "zur Vorneverteidigung glaubhaft befähigt", jedoch "auf keinen Fall zu einem grenzüberschreitenden raumgreifenden Angriff." Die Abwehrfunktion müsse durch eine verstärkte Panzerabwehr, durch Sperren und eine optimierte Luftverteidigung gewährleistet werden. Damit wollten die sozialdemokratischen Militärplaner dem ernstzunehmenden *Einwand der Raumaufgabe* gegen Alternativkonzepte der konventionellen Verteidigung Rechnung tragen. Im Konzept für die "Europäische Sicherheit 2000" (29) wird für grenznahe Sicherheitsbereiche darüber hinaus das Verbot angriffsfähiger Hauptwaffensysteme gefordert.

Zu keinem Zeitpunkt verfolgten die sozialdemokratischen Alternativkonzepte für Struktur und Bewaffnung der Bundeswehr und der Bündnisverteidigung einen nuklearpazifistischen Rigorismus.

Der SPD/SED-Vorschlag für einen atomwaffenfreien Korridor in Mitteleuropa 1986 beschrieb als Ziel die Rückführung von Atomwaffen in die Rolle politischer Waffen. Und Andreas von Bülow sprach sich 1988 für den *Nuklearschirm der Vereinigten Staaten* und eine "gewisse physische Präsenz" von US-Truppen in Deutschland aus. Daß eine strategische Denkschule in Amerika - no nukes, no troops - eine enge Bindung dieser Präsenz an die Verfügung und Stationierung von Atomwaffen als conditio sine qua non betrachtete, mußte in Zeiten sozialdemokratischer Opposition im Bund das Verhältnis nicht belasten.

9. Die UNO als Weltpolizei?

Nach dem Kalten Krieg

Seit der Überwindung der Teilung Deutschlands und Europas wirken konkrete Utopien der zwanziger Jahre wieder zeitgemäß. Die Verankerung eines supranationalen Gewaltmonopols in einem kollektiven Sicherheitssystem namens Vereinte Nationen oder KSZE erschien in der Stunde Null nach Ende des Ost-West-Konflikts möglich, innerhalb dessen "über nationale Streitkräfte künftig mit Ausnahme der Landesverteidigung nicht mehr in nationaler Verantwortung verfügt werden" darf. (60)

Der *Krieg im früheren Jugoslawien* macht auf erschreckende Weise deutlich, daß mit dem Zusammenbruch des kommunistischen Zwangssystems Kräfte freigesetzt wurden, die längst überwunden schienen. "Geschichtliche Epochen und damit verbundene Denk- und Verhaltensmuster werden eben selten überwunden und durch andere abgelöst. Häufiger überlagern sie sich und können unter bestimmten äußeren Umständen wiederkehren". (61) Die westliche Welt hatte nach Ablösung der auf Abschreckung begründeten Sicherheit keine Zeit, ein neues wirksames System der internationalen Friedenserhaltung zu vereinbaren oder wenigstens ein Übergangsmodell zu entwickeln.

Immanuel Geiss beschreibt das "Serbiensyndrom 1991/92" als "Gegenwart, eingeholt von Vergangenheiten, die nicht vergehen wollen" und die Ratlosigkeit der "sonst so schnell sich zu Wort meldenden Friedensbewegung". (62) Gab es einen Zeitpunkt, zu dem eine entschlossene internationale Gemeinschaft den beginnenden Eroberungskrieg der Serben mit militärischer Gewalt hätte stoppen können? Dieter Lutz nennt "begrenzte militärische Aktionen", die möglich gewesen wären: Lufteinsatz gegen strategische Ziele, Befreiung belagerter Städte, Begleitung von Hilfskonvois, Öffnung von Korridoren, Errichtung von Schutzzonen. (63) Auffallend ist, daß gerade Militärs von einer *"Operation Balkansturm"* abraten - auf der Bonner Hardthöhe, in Brüssel und in Washington.

General McCoffrey beschrieb den notwendigen Einsatz an Soldaten, Waffen und Logistik vor dem Streitkräfteausschuß des amerikanischen Senats: Für die gewaltsame Beendigung des Krieges wäre ein Heer von vierhunderttausend Soldaten für mindestens ein ganzes Jahr plus Luftunterstützung erforderlich; die Befriedung von Sarajewo würde bereits zwei kämpfende Heeresdivisionen erfordern. (63) Respice finem: Wer einem militärischen Einsatz auf dem Balkan das Wort redet, muß ihn und seine Folgen zu Ende denken. Gerade militärische Führer sind gehalten, die hohen Opfer und Verluste bei Streitkräften einer internationalen Koalition, die Fortführung des Krieges in Partisanen- und Guerilla-Taktik, das vermutlich für längere Zeit notwendige Besatzungsregime und die Gefahr eines nach dem Abzug internationaler Streitkräfte wieder auflodernden Krieges vor jeder Einsatzplanung abzuwägen. Der Rat ist eindeutig: Nein!

Verkehrte Welt: Gerade die *Friedensbewegung* ist es, die unter dem Eindruck des Mordens und Vergewaltigens in Bosnien eine selbstkritische Debatte über das *Prinzip der Gewaltfreiheit* führt - oft mit dem Ergebnis, Gegen-Gewalt aus ethischen Gründen zu verlangen. (64) Wer "dem Westen" im Falle Jugoslawiens pauschal Versagen vorwirft, muß sich vergegenwärtigen, daß dies der erste Krieg in Europa seit 1945 ist und daß die für die internationale Sicherheit zuständigen Institutionen politische und prozedurale Grundsätze für ein Europa nach dem Kalten Krieg erst entwickeln müssen.

Für die politische Kultur in Deutschland nicht zufällig findet die Auseinandersetzung über die internationale Friedenssicherung hierzulande vornehmlich als *Verfassungsdebatte* statt. Einmal mehr wird deutlich, daß die Regelungsdichte des Grundgesetzes für verschiedene Optionen des Einsatzes der Bundeswehr die politische Wahrscheinlichkeitsrechnung zum Zeitpunkt ihrer Entstehung widerspiegelt. Während die Landesverteidigung detailliert legitimiert wird, erschließt sich die Bündnisverteidigung indirekt aus der "Übertragung von Hoheitsrechten auf zwischenstaatliche Einrichtungen" in Artikel 24. Einsätze zur kollektiven Friedenssicherung sind nicht zweifelsfrei legitimiert. Die Bestimmung von Artikel 87 a, wonach die Streitkräfte "außer zur Verteidigung" nur eingesetzt werden dürfen, "soweit

dieses Grundgesetz es ausdrücklich zuläßt", hat im Rahmen der Notstandsgesetzgebung und damit zur Verhinderung des Einsatzes im Innern Eingang in die Verfassung gefunden.
Gravierender als der verfassungsrechtliche Dissens ist die verfassungspolitische Unfähigkeit der Parteien zu übergreifenden Lösungen. Ungeachtet der Aufkündigung des Konsenses der achtziger Jahre, das Grundgesetz verbiete den Bundeswehreinsatz "out of area", durch die Regierungsparteien CDU/-CSU ist für die Beendigung bisheriger deutscher Selbstbeschränkung nach dem Zweiten Weltkrieg eine *Ergänzung des Grundgesetzes* notwendig. Dazu legte die Union der Gemeinsamen Verfassungskommission von Bundestag und Bundesrat 1993 einen Vier-Punkte-Katalog als Verfassungsrahmen für militärische Einsätze vor, der im Falle kollektiver Selbstverteidigung jede Bindung an eine legitimierende Instanz wie UNO oder KSZE aufgibt. Der Verzicht darauf, mit Blick auf die Geschichte dieses Jahrhunderts militärische Gewalt in Deutschland besonders sorgfältig einzugrenzen und zu begründen, war und ist für Sozialdemokraten unannehmbar.
Wieder einmal mußte das Bundesverfassungsgericht 1993 einen vorläufigen Weg weisen. Mit der Verankerung der Notwendigkeit einer parlamentarischen Entscheidung gab Karlsruhe wichtige Hinweise für eine dauerhafte Regelung der Einsätze "out of area" im Grundgesetz. Ein Vorschlag des Landes Rheinland-Pfalz in der Verfassungskommission des Bundesrates im Jahre 1992, jeden *Bundeswehreinsatz* an eine *qualifizierte Mehrheit im Bundestag* und an die Zustimmung des Bundesrates zu binden, wurde durch die AWACS-Entscheidung der Verfassungsrichter 1993 als Konsensmodell indirekt bestätigt.
Bislang hindert uns die innerdeutsche Bewegungsunfähigkeit auch daran, mit der Bundeswehr ohne Streit um die Legitimationsbasis jenen internationalen Beitrag zu leisten, den alle befürworten: Friedenserhaltende UN-Missionen mit militärischem Schutz. Vor der Bundestagswahl 1994 war und ist gemeinsames Handeln zwischen Regierungslager und Opposition im Bundestag offenbar nur noch bei unabweisbaren äußeren Zwängen möglich. Dies galt für die Bewältigung des Stroms der Zuwanderer und für vorüber-

gehende Vereinbarungen zur Finanzierung der staatlichen Ebenen und der Systeme sozialer Sicherung ("Solidarpakt") sowie die Einführung der Pflegeversicherung.
Das "Friedensgutachten 1992" des Hamburger, des Hessischen und des Evangelischen Instituts in Heidelberg empfiehlt den Bundestagsparteien, die Verfassung mit dem Ziel künftiger deutscher Beteiligung an (allen) Maßnahmen kollektiver Sicherheit zu ändern. Der Sozialdemokrat Hans-Joachim Vergau, damals Botschafter und zweiter Mann an der Ständigen Vertretung Deutschlands bei den Vereinten Nationen, schaltete sich mit einem Memorandum im März 1993 in die innerdeutsche Debatte ein: "Die Trennung von *friedenserhaltenden und friedensschaffenden Maßnahmen* ist weitgehend überholt". Er interpretiert die UNO-Charta als grundsätzliche Verpflichtung auch für Deutschland, "Kampftruppen gemäß Kapitel VII zu stellen."
Heidi Wieczorek-Zeul, Mitglied im Präsidium der SPD, äußerte am 26. März 1993 nach einer Anhörung über friedenserhaltende Missionen der Vereinten Nationen dagegen: "Peace keeping ist keineswegs überholt". Die öffentliche Meinung ist im Fluß: Während 1991 in Umfragen eine Mehrheit in Deutschland gegen die Beteiligung der Bundeswehr an UN-Militäraktionen ermittelt wird, befürworten in Erhebungen ein Jahr später immerhin 50 Prozent Kampfeinsätze gegenüber einer noch höheren Zustimmung von 74 Prozent zu Blauhelm-Missionen. (51,52)
Der Bund sozialdemokratischer Parteien der Europäischen Gemeinschaft schlägt 1992 die "Vergemeinschaftung" der Sicherheitspolitik vor, die über den Integrationsgrad der gemeinsamen Außen- und Sicherheitspolitik (GASP) des Maastrichter Vertrages hinausgehen soll. Die Projektgruppe Internationale Politik des SPD-Parteivorstands warnte in ihrem Zwischenbericht 1992 dagegen vor der "Militarisierung der Europäischen Union" und der damit verbundenen Verdoppelung von Militärstrukturen in Europa. Manche Sozialdemokraten, die im Vorfeld der deutschen Einheit die NATO für ein eher auslaufendes Modell hielten und die KSZE als die eigentlich zukunftsträchtige Institution favorisieren, müssen sich korrigieren: "Die

Einbindung der Bundesrepublik in die Allianz war nicht Hindernis, sondern Vorbedingung für die deutsche Einheit; das wissen wir inzwischen." (61)

Aus der Sicht Mittel- und Osteuropas gibt es nach dem Fall des Eisernen Vorhangs nur zwei Vertragssysteme, die ganz Europa schrittweise umfassen und damit stabilisieren können: Für Außenpolitik und Sicherheit das Bündnis, für wirtschaftliche und demokratische Entwicklung die Europäische Union. Rußland, das ebenfalls Interesse an einer Einbindung nach Westen über den Nordatlantischen Kooperationsrat hinaus erkennen ließ, versucht inzwischen, ein Veto gegen die Aufnahme der Beitrittskandidaten der Visegrad-Gruppe (Polen, Ungarn, Tschechei, Slowakei) oder des Baltikums auszusprechen. Der rechtsradikale russische Schirinowski stößt gar wüste Drohungen bis zu einer (erneuten) militärischen Besetzung Deutschlands durch die Rote Armee aus.
Die Haltung des Westens angesichts der objektiven Sicherheitsbedürfnisse der ehemaligen Warschauer-Pakt-Staaten und der Verletzlichkeit russischen Großmachtdenkens gleicht einem Balanceakt. Wahrscheinlich ist der Ausbau des Kooporationsrates und die angebotene "Partnerschaft für den Frieden" alles, was die NATO kurzfristig anbieten kann. Lange können wir aber die Demokratien im früheren Ostblock nicht von den einzig funktionierenden Vertragssystemen des Westens ausschließen, ohne den Kontinent zu destabilisieren. Die KSZE erwies sich bisher leider als Kopfgeburt, als Überbau-Phänomen; die Vereinten Nationen sind jetzt bereits - ohne spezielle Verantwortung für die Sicherheit Europas - mit der Verantwortung für die Wahrung des Weltfriedens überfordert.
In den Gremien der Sozialdemokratischen Partei wurde und wird die Beteiligung des wiedervereinigten Deutschland an Maßnahmen der internationalen Friedenssicherung unterschiedlich akzentuiert. Die Kommission Sicherheitspolitik beim Parteivorstand, der Abgeordnete und Experten angehörten, stellte im Mai 1991 mit deutlicher Mehrheit fest: "Deutschland muß bereit sein, als normaler Nationalstaat mit gleichen Rechten und Pflichten ... an *friedenssichernden Aktionen der Vereinten Nationen* teilzunehmen" - und

zwar aufgrund von Entscheidungen des Deutschen Bundestages mit 2/3 - Mehrheit. Ein Standpunkt, der in Parteikreisen mit geringerer Affinität zur Außen- und Sicherheitspolitik auf Widerspruch stieß, sogar wenn er von der friedenspolitischen Leitfigur Willy Brandt vertreten wurde. Als Rahmen für die Teilnahme an der Wiederherstellung des Friedens beschreibt das Kommissionspapier die Europäische Union oder die Vereinten Nationen.

Dann kam - im Sommer 1992 - der "Petersberg": der versuchte programmatische Befreiungsschlag des Parteivorsitzenden Björn Engholm, kreiert von einer informellen Spitzenrunde im Gästehaus des Bundes. Dort, wo der politische Problemdruck am größten war, von außen und von unten, überlebte die Kurskorrektur den kleinen Zirkel und wurde vom außerordentlichen Bundesparteitag in Bonn im November 1992 nach selbstquälerischen innerparteilichen Debatten bestätigt. Die Begrenzung der Zuwanderung durch eine Korrektur des Asylrechts auch im Grundgesetz machte die Sozialdemokratie in einer Schicksalfrage wieder argumentations- und handlungsfähig. Rudolf Scharping kommt das Verdienst der anschließenden parteiübergreifenden Umsetzung zu.

In der Außen- und Sicherheitspolitik gelingt die Befreiung von gewachsenen Selbstbindungen der SPD nicht in gleichem Maße. Wie immer, muß man auch in diesem Fall Parteitagsbeschlüsse sorgfältig lesen, um die Optionen für programmatische Entwicklungen würdigen zu können. Zur europäischen Sicherheit befürwortet die Sozialdemokratie die gemeinsame Außen- und Sicherheitspolitik der Europäischen Union bei gleichzeitiger Distanz zum Euro-Korps und zu den Zukunftsplänen für die Westeuropäische Union (ein anderer "Petersberg"....).

Die *Vereinten Nationen* müssen "gestärkt und zu einer *Weltfriedensinstanz mit internationalem Gewaltmonopol*" entwickelt werden. Die SPD erklärt ihre Bereitschaft zur Verfassungsänderung, damit Einheiten der Bundeswehr für friedenserhaltende Einsätze zur Verfügung gestellt werden können. Schon Ende 1992 beschrieb die Partei ein breiteres Spektrum von Blauhelm-Missionen: Zur Selbstverteidigung kommt nun die "Absicherung humanitärer Maßnahmen" - ein Jahr später ergänzt um die "Verteidigung des Auftrags".

Der Bonner Parteitag 1992 schrieb mit deutlicher Mehrheit die notwendige Zustimmung der Konfliktparteien und die Abgrenzung der Friedenserhaltung gegenüber militärischen Kampfeinsätzen fest. Eine Öffnungsklausel am Ende des Leitantrages würdigte die Reformvorschläge von UN-Generalsekretär Boutros Ghali für die Weltorganisation. Wenn diese realisiert seien, werde die SPD entscheiden, ob Deutschland das ganze Spektrum friedenssichernder Maßnahmen seinen Entscheidungen zugrunde legen kann. Ein Mißbrauch der Weltorganisation müsse ausgeschlossen sein ... Das Modell des Golfkriegs, auf den die UN nach Erteilung des Mandats an die beteiligten Staaten keinen Einfluß mehr nahm, ist aus sozialdemokratischer Sicht gerade nicht der Quantensprung zur Sicherung des Weltfriedens.

Parteitagsbeschlüsse der Sozialdemokratie zu zentralen Feldern nationaler und internationaler Politik ähneln der "unendlichen Melodie" abendfüllender deutscher Opern: Nie ist ein Problem erschöpfend behandelt; immer wieder gibt es Bemühungen um Landgewinn und filigrane Varianten. Mit der Ausarbeitung des Leitantrages zur Außen- und Sicherheitspolitik für den ordentlichen Parteitag im November 1993 in Wiesbaden wurde die Projektgruppe "Internationale Politik" betraut. Die Leitungsfunktion ging vom stellvertretenden Vorsitzenden Johannes Rau wegen dessen vorübergehender Erkrankung auf Heidi Wieczorek-Zeul über: ein Wechsel nicht nur in Alter und Geschlecht, sondern auch im Kommunikationsstil und in der politischen Grundausrichtung.

Rudolf Scharping, auf dem Weg einer Mitgliederbefragung im Juni 1993 gewählter Parteivorsitzender, beauftragte gleichzeitig den Fraktionsvorsitzenden Hans-Ulrich Klose mit der Wahrnehmung außen- und sicherheitspolitischer Fragen in der "Programmkommission" zur Vorbereitung des Bundestagswahlkampfes 1994. In einer ersten gründlichen Beratung des Entwurfs für einen Leitantrag im Juli 1993 schien in der Projektgruppe Internationale Politik die Bereitschaft relativ groß, die Programmatik der SPD in Richtung einer eng abgegrenzten und sorgfältig begründeten Bejahung

friedenserzwingender Einsätze im Rahmen der Charta der Vereinten Nationen fortzuschreiben.
In der Sommerpause 1993 entwickelte sich die innerparteiliche und öffentliche Auseinandersetzung mit eigener Dynamik. Heidi Wieczorek-Zeul warnte vor "Kriegführung" und "Kampfeinsätzen" mit deutscher Beteiligung. Rudolf Scharping sprach sich gegen eine "Interventionsarmee" aus, um den innerparteilichen Streit zu begrenzen und für den Parteitag in Wiesbaden Pflöcke einzuschlagen. Eine zumindest sprachliche Innovation war die Ausweitung des "Blauhelm plus"-Beschlusses zur Verteidigung des Auftrags oder "mission defense".
Das Präsidium der SPD schloß am 23. August 1993 die "Sommerloch-Diskussion" der streitlustigen Partei ab und bestätigte mit 10 : 0 Stimmen die Beschlußlage des Bonner Parteitages von 1992. In der Projektgruppe Internationale Politik versuchten vier Tage später Egon Bahr, Uli Klose und Florian Gerster mit Änderungsvorschlägen zum Leitantrag wenigstens eine Option für die Anerkennung der UNO-Charta in allen ihren Teilen und für eine qualifizierte parlamentarische Einzelentscheidung als *Legitimationsbasis für friedensschaffende Missionen* unterzubringen. Eine Zweidrittelmehrheit in der Projektgruppe entschied sich für den Wortlaut des Leitantrages und damit für die Beibehaltung einer restriktiven Linie.
Der außen- und sicherheitspolitische Grundsatzbeschluß von Wiesbaden spricht sich für den Ausbau der KSZE zu einem kollektiven Sicherheitssystem für Europa bei gleichzeitiger Vernetzung mit NATO und Nordatlantischem Kooperationsrat aus. Die Aufwertung der WEU zum Verteidigungsinstrument der Europäischen Union wird - vor allem wegen der Schaffung überflüssiger Doppelstrukturen - mit Skepsis betrachtet. Die SPD fordert den *Abbau der Bundeswehr* auf eine Präsenz von 300.000 Soldaten und die *Erhaltung der Wehrpflicht* "solange wie möglich". Aber auch eine Freiwilligenarmee oder eine Mischform mit Milizelementen wird von den Sozialdemokraten nicht ausgeschlossen.
Die Vereinten Nationen dürfen bei Maßnahmen der Friedenssicherung nicht "Kriegspartei" werden. Mit der Ergänzung, daß im Rahmen friedenserhal-

tender Missionen "angemessene Embargomaßnahmen notfalls mit Blockaden" durchgesetzt werden dürfen, akzeptierte der Wiesbadener Parteitag Zwangsmaßnahmen als Instrument, die über das traditionelle Spektrum von Blauhelm-Missionen deutlich hinausgehen. Gleichwohl beschloß die SPD eine "klare Grenzziehung" und sprach sich apodiktisch *"für Blauhelm-Einsätze - gegen Kriegführung"* aus. Der Wunsch nach einem ständigen deutschen Sitz im Weltsicherheitsrat wird auch von der SPD unterstützt.

Der Wiesbadener Parteitag unterstrich die sozialdemokratische Bereitschaft zu einer Grundgesetzänderung zugunsten friedenserhaltender Einsätze der Bundeswehr. Die Mehrheit der Mitglieder des Bundestages soll den Einsatz im Einzelfall legitimieren. Ohne Zweifel deckt die Beschlußlage der SPD neunzig Prozent aller denkbaren Anforderungen der Vereinten Nationen an das Mitglied Deutschland ab. Bei gutem Willen der Bonner Regierungskoalition hätte eine Ergänzung des Grundgesetzes den bisherigen UN-Einsätzen deutscher Streitkräfte eine eindeutige Rechtsgrundlage geben können. Der Verzicht darauf ist einer Wehrpflichtarmee kaum zumutbar.

Ist die Wiesbadener Linie der deutschen Sozialdemokratie ein Zwischenschritt zur uneingeschränkten deutschen Beteiligung an der internationalen Friedenssicherung? Dies hängt auch davon ab, ob die internationale Entwicklung einen Ausbau der Vereinten Nationen oder der KSZE zur globalen oder kontinentalen Friedensinstanz fördert oder behindert. Nach anfänglicher Euphorie über das Ende der Selbstblockade des Weltsicherheitsrates durch die Vetos der Atommächte hat sich inzwischen - vor allem durch den Fehlschlag der Friedensmission in Somalia - Enttäuschung und Ernüchterung eingestellt. Eine desillusionierte Öffentlichkeit wird bei der nächsten internationalen Anforderung, mit den eigenen Ehemännern und Söhnen den Frieden in fernen Regionen zu sichern, ungleich härter nach dem Sinn des Risikos für Leib und Leben und des Einsatzes dreistelliger Millionenbeträge fragen.

Eine schrecklich einfache Wahrheit wurde und wird immer wieder sträflich vernachlässigt: *Vorausschauende Friedenspolitik* einer entschlossenen und sich an gemeinsamen Werten orientierten Weltgemeinschaft könnte Kriege verhindern, bevor Frauen, Männer und Kinder ihr Leben lassen müssen. Im Falle Jugoslawiens hat sich der serbische Eroberungsfeldzug Jahre vorher in Wort und Schrift angekündigt. Die Welt sah weg oder beschwichtigte - wie 1938 gegenüber Hitlerdeutschland. Glaubwürdige Drohungen und wirksame internationale Sanktionen zur rechten Zeit können den Ausbruch eines Krieges verhindern. Die "Kosten" der Eindämmung oder humanitärer Maßnahmen nach seinem Ausbruch sind ungleich höher!

10. Die Zukunft der Landesverteidigung

Konversion und Allgemeine Dienstpflicht

1990, im Jahr der Wiedervereinigung, waren auf deutschem Boden in West und Ost nahezu 1,4 Millionen Soldaten stationiert. Weniger als die Hälfte davon waren deutsche Soldaten der Bundeswehr und der Nationalen Volksarmee. Den Löwenanteil der alliierten Truppen machten im Westen die US-Streitkräfte mit rund 250.000 und in der ehemaligen DDR die Rote Armee mit nahezu 400.000 Soldaten aus. In Ostdeutschland entsprachen Status, Selbst- und Fremdwahrnehmung mehr dem Charakter von Besatzungstruppen einer Siegermacht als der von Alliierten einer auf Vertrag und gemeinsamen Interessen gegründeten Allianz. Im Westen waren Spurenelemente alten Besatzungsrechts zwar völkerrechtlich unabweisbar, im alltäglichen Umgang jedoch nur subtil wahrzunehmen. Gleichwohl blieb die deutsch-amerikanische Freundschaft in den US-Garnisonen der Bundesrepublik vielfach auf mehr oder weniger offizielle Kontakte beschränkt.

In der deutschen Verfassungsordnung ist Verteidigungspolitik nahezu ausschließlich Angelegenheit des Bundes; die Länder halten sich deswegen aus der sicherheitspolitischen Kursbestimmung - vor allem auf seiten der Legislative - weitgehend heraus. Eine Ausnahme machte im Landtag Rheinland-Pfalz und anderswo nach den ruhigen sechziger und siebziger Jahren der Themenkomplex *"Verteidigungslasten"* in seiner regionalen Version. Auslöser für grundsätzliche Kritik an der Verteidigungspolitik war auch hier die gesellschaftliche Auseinandersetzung um NATO-Doppelbeschluß und Nachrüstung.

Die SPD in dem als Stationierungsland vorgesehenen Rheinland-Pfalz beschäftigte das Landesparlament mit der Frage nach Sinnhaftigkeit und Begleitumständen von neuen atomaren Mittelstreckenraketen im Hunsrück. Dabei mußten sich die Sprecher der damaligen Opposition - in einer Grundsatzaussprache Rudolf Scharping und Florian Gerster - gegen die diffamierende Gleichung der CDU wehren, ein Überdenken der Nachrüstung 1983 bedeute gleichzeitig ein Nein zur Bundeswehr, zum Bündnis oder zur

Philosophie des Doppelbeschlusses.
Später wandelte sich das Verhältnis von Opposition und Landesregierung in Fragen der Verteidigungslasten. So gelang es der rheinland-pfälzischen SPD, alle Fraktionen des Landesparlaments zu einem gemeinsamen Vorgehen gegen Belästigung und Gefährdung der Bevölkerung durch tief fliegende Militärmaschinen zu gewinnen. Der späteren Forderung nach gänzlichem *Verzicht auf Tiefflug* ging die nach einer Mindestflughöhe von 300 Metern über Grund voraus. Der damalige rheinland-pfälzische Ministerpräsident Bernhard Vogel (CDU) konnte so sensibilisiert werden, daß er im Bundesrat eindrucksvolle Reden gegen "die Bedrohung der eigenen Bevölkerung" hielt. Der SPD-Bundesparteitag 1986 in Nürnberg beschloß auf der Grundlage eines rheinland-pfälzischen Antrages die Forderungen: Mindestflughöhe 300 Meter, Verbot von Luftkampfübungen über bewohntem Gebiet und drastische Reduzierung der Flugstunden. In mehreren Gerichtsurteilen wurde das rheinland-pfälzische Modell bestätigt.
Wie in Vorahnung einer Katastrophe ergriff die sozialdemokratische Opposition im Mainzer Landtag in den achtziger Jahren mehrere Initiativen gegen das überflüssige und gefährliche Muskelspiel alliierter Luftstreitkräfte bei volksfestähnlichen Flugtagen mit akrobatischen Darbietungen. Landtagsdrucksachen, Protokolle und Briefe sozialdemokratischer Abgeordneter an den Bundesminister der Verteidigung sollten im späteren Untersuchungsausschuß des Deutschen Bundestages, dem der Verfasser als Berichterstatter angehörte, noch eine entscheidende Rolle spielen (65). Als im August 1988 auf dem US-Flugplatz im pfälzischen Ramstein siebzig Menschen als lebende Fackeln verbrannten und hunderte verletzt wurden, konnte kein früherer Warner auch nur entfernt Genugtuung darüber empfinden, rechtzeitig auf die Gefahren für Leib und Leben hingewiesen zu haben. Die im Untersuchungsausschuß vorgeführten privaten Video-Aufnahmen vom Zusammenstoß der italienischen Staffel "Frecce Tricolori" und den schreienden, fliehenden Menschen kann niemand vergessen, der sie je gesehen hat.
Lust und Last alliierter Truppenpräsenz liegen eng beieinander. So beschäf-

tigte die Sorge um die Erhaltung *ziviler Arbeitsplätze bei den Streitkräften* die Politiker in Rheinland-Pfalz lange vor dem drastischen Abbau nach der deutschen Einheit. Kein Wunder in einem Land, in dem die Militärbeschäftigung vergleichbare wirtschaftsstrukturelle Bedeutung wie die Arbeitsplätze beim Chemiegiganten BASF hat. Im Landkreis Kaiserslautern hingen 1990 fast 40 Prozent der Wertschöpfung vom (amerikanischen) Militär ab. Tauchte in den achtziger Jahren Sicherheitspolitik vor allem als "Verteidigungslasten" in den Tagesordnungen regionaler Gremien auf, ist es in den neunziger Jahren die *Konversion:* die strukturpolitische *Bewältigung der Abrüstungsfolgen.* Regionale Konversion ist in Deutschland das beherrschende Thema, während industrielle Konversion für Industriestaaten mit klassischer Rüstungsbranche im Vordergrund steht. Die Schaffung von zivilen Arbeitsplätzen in Militärstandorten ist innerhalb der Europäischen Union in Deutschland am dringlichsten; unter den deutschen Ländern ist Rheinland-Pfalz am meisten betroffen.

Das Ausmaß der Konversion wird außerhalb dieser Regionen vielfach unterschätzt. Im Jahre 1990 hielt das Militär für rund 1,2 Millionen Deutsche Arbeitsplätze vor: in der Truppe, als zivile Mitarbeiter oder in der regionalen Wirtschaft. Diese Zahl an Beschäftigten wird bis zum Ende der neunziger Jahre mehr als halbiert sein. Der Rückgang der jährlichen Wertschöpfung in der "Militärbranche" wird im selben Zeitraum bei 20 Milliarden Mark liegen. In der ersten Hälfte der neunziger Jahre werden allein die US-Streitkräfte die Beschäftigung deutscher Arbeitnehmer von rund 40 Tausend auf die Hälfte herunterfahren (66). Zum Vergleich diene der Arbeitsplatzabbau in den bedeutsamen Strukturkrisen der Bundesrepublik: In der Landwirtschaft von 2,1 Millionen auf 263.000, im Steinkohlebergbau von 607.000 auf 130.000, in der Stahlindustrie von 345.000 auf 175.000 und in der Werftindustrie von 95.000 auf 36.000 Arbeitsplätze.

Wäre in der bundesdeutschen Nachkriegsgeschichte denkbar gewesen, daß der Bund die Länder und Gebietskörperschaften bei der Bewältigung solcher struktureller Verwerfungen allein läßt ? Bei der Bemühung um die Schaffung ziviler Arbeitsplätze in Militärregionen geschieht exakt dieses:

Trotz der Alleinzuständigkeit des Bundes für die Verteidigung müssen sich die Länder und Gemeinden am eigenen Schopf aus dem Sumpf ziehen. Die konservativ-liberale Bundesregierung schaut zu und versucht zur gleichen Zeit, mit der Veräußerung ehemals militärisch genutzter Liegenschaften zum Marktwert - mit geringen Rabatten im Westen - als "Friedensgewinnler" die leere Bundeskasse zu füllen.

Auf entsprechende Vorhaltungen weist Bundesfinanzminister Waigel auf einen höheren Länderanteil an der Mehrwertsteuer hin, der allen Ländern unabhängig von Strukturmerkmalen zugute kommt. Rheinland-Pfalz hat den Notwendigkeiten durch ein "Landesüberbrückungsprogramm Konversion" Rechnung getragen, das die knappen Haushaltsmittel in neunstelliger Dimension auf die Bewältigung der Truppenreduzierung konzentriert. Sogar die Europäische Union hilft Rheinland-Pfalz und anderen Militärregionen mit Mitteln aus den Strukturfonds und mit Gemeinschaftsinitiativen namens "KONVER". *Konversionsblind ist nur der Bund.* Ein Blick nach den Vereinigten Staaten verblüfft: Dort ist diese Aufgabe im Pentagon, also im Verteidigungsressort, angesiedelt. Mit bemerkenswerten Konsequenzen: keine Schließung eines Standortes ohne "Sozialplan" für die Region. Und: wer wollte bestreiten, daß der deutsche Wohnungsbau für heimkehrende Soldaten der Roten Armee Bedingung für deren Abzug aus der ehemaligen DDR war ?

Seit der deutschen Einheit wird die *Bundeswehrplanung* immer wieder auf den Prüfstand gestellt. Je nach Standort des Betrachters oder Kritikers aus der "Strategic Community" werden aus verschiedenen Eckdaten, die zunächst "operative Minima" schienen, im Handumdrehen abhängige Variablen. An mehreren Stellschrauben drehen politisch Verantwortliche gleichzeitig, oft in verschiedene Richtungen. Das beginnt bei dem Auftrag deutscher Streitkräfte des vereinigten Deutschland: Standen jahrzehntelang Landes- und Bündnisverteidigung - auch in der Verfassung - im Vordergrund, so sahen viele scheinbar weitsichtig nach 1990 jede klassische Bedrohung als überholt an. Statt dessen sollte nun die deutsche Beteiligung an Friedensmissionen im Rahmen von UNO oder KSZE im Vordergrund stehen -

mit allen Konsequenzen für Sinngebung, Organisation und Ausstattung des militärischen Dienstes. Erst die Fehlschläge von UN-Missionen deutscher Soldaten - vor allem in Somalia - die bei unklarer Verfassungslage mehr unter außenpolitischen Prestigeüberlegungen als im Rahmen eines klaren sicherheitspolitischen Szenarios entschieden wurden, ließen bei vielen Beteiligten Ernüchterung einkehren (67). Es mindert nicht die bemerkenswerte Leistung deutscher Soldaten im Ausland, wenn ihr Einsatz als Preis für einen (vorerst unwahrscheinlichen) deutschen Sitz im Sicherheitsrat in New York als zu hoch erscheint.

Man muß nicht unken, auch kein kalter Krieger sein, um aggressive Töne neueren Datums aus Moskau - etwa nach dem überraschenden Wahlerfolg des Nationalisten Schirinowski - auch als Beleg dafür zu verwenden, daß nicht jede Bedrohungseinschätzung "aus dem Osten" als überholt gelten kann. Die ambivalenten, schwankenden und andeutungsreichen Warnungen des russischen Außenministers Kosyrew - den der Verfasser in Bonn als Reformer kennengelernt hat - können auch nicht als Beruhigungspille dienen. Mit welcher Begründung im Einzelfall auch immer: In einer Welt und auf einem Kontinent mit loseren Strukturen und einer wachsenden Zahl ethnischer und nationalistischer Konflikte bei unveränderter Weiterverbreitung von Massenvernichtungswaffen darf die *Verteidigung als Hauptgrund für militärischen Aufwand* nicht entwertet werden.

Heimatschutz und Bündnisverpflichtung werden also der Kern des Auftrags für deutsche Streitkräfte auch in der Zukunft sein. Dies muß sich in Struktur und Ausstattung der Bundeswehr abbilden. Eine Überbetonung der Krisenreaktionskräfte für den Einsatz im internationalen Rahmen mit 100.000 unter besten Bedingungen ausgebildeten Soldaten bei gleichzeitiger Vernachlässigung der Hauptverteidigungskräfte im Rahmen eines politisch gesetzten "Finanzplafonds" untergräbt auf Dauer die Akzeptanz der Verteidigungsanstrengungen.

Welche weiteren Stellschrauben für die Anpassung der Bundeswehrplanung stehen zur Verfügung ? Zunächst einmal: Ein so komplizierter Organismus, wie es moderne Streitkräfte sind, braucht für einen längeren Zeitraum *Pla-*

nungssicherheit. Das stümperhafte Kurieren an Symptomen seitens der konservativ-liberalen Koalitionsregierung unter Kohl, Scholz und Rühe stellt alles in den Schatten, was man Sozialdemokraten jemals als lieblosen Umgang mit dem Militär vorwerfen konnte. Heeresinspekteur Helge Hansen klagte bei seiner Verabschiedung am 21. März 1994, "den Streitkräften werde der Hahn auf Raten abgedreht". Die Korrektur der Bundeswehrplanung, die Mitte der neunziger Jahre vorgenommen werden muß, sollte gründlich durchdacht und weitsichtig angelegt sein und somit bis zum Ende des Jahrzehnts Gültigkeit haben.
Wenn der Auftrag im Schwerpunkt unverändert ist und die Finanzausstattung aus zwingenden Gründen bestenfalls eine Verlängerung des bereits deutlich reduzierten Status Quo erlaubt, die Mittelverwendung aber zur Erhaltung der Kampfkraft völlig unzureichend ist, muß durch eine Senkung der Präsenzstärke die notwendige Umschichtung zugunsten der Investitionen vorgenommen werden. Es ist wie bei einem in die Jahre gekommenen Industrieunternehmen: Sparen an Forschung und Entwicklung kostet Wettbewerbsfähigkeit in der Zukunft. Mit einer *Investitionsquote* von knapp über 20 Prozent wird aus Streitkräften über kurz oder lang ein Militärmuseum.
Viel spricht für eine *Absenkung der Präsenzstärke* auf 300.000 Soldaten. Sie wäre - zumindest im europäischen Vergleich - bündniskompatibel, der Größe und geringen aktuellen Bedrohung Deutschlands angemessen. Die Übererfüllung von Bündnispflichten durch ein Maß an Integration und Vernetzung in militärischen Großverbänden auf deutschem Boden, wie es kein alliierter Partner akzeptieren würde, muß dabei überprüft werden. Wo steht geschrieben, daß es im Westen Deutschlands kein national geführtes Korps mehr geben darf - oder daß der Stab des Euro-Korps wie selbstverständlich in Straßburg residiert, die Truppe aber auf deutschen Fluren üben darf ?

Dreihunderttausend sind auch deshalb eine gute Zahl, weil ein solcher Streitkräfteumfang offen für verschiedene Wehrformen unter Beteiligung von Kurzdienern ist. Im Unterschied zu der im Kaukasus vereinbarten ma-

gischen Zahl 370.000 sollte diese Planungsgröße jedoch für einige Zeit Ober- und Untergrenze für den deutschen Verteidigungsbeitrag sein. Ein Unterschreiten dieser Linie würde die Vereinigten Staaten mit Recht dazu veranlassen, ihre sichtbare militärische Präsenz auf deutschem Boden deutlich zu reduzieren. Konversion in Form von Delegation von Verteidigungsaufwand könnte unser wichtigster Bündnispartner nicht akzeptieren.
Ein sicherheitspolitisch engagierter Politiker in Landesverantwortung trägt bei dem Prozeß des Truppenabbaus auf zwei Schultern: Eine Reduzierung um je 1.000 Soldaten hat im statistischen Mittel die *Auflösung eines Standorts* zur Folge. Dies hat in vielen Fällen unerwünschte strukturpolitische, aber auch soziale Konsequenzen. Mit jeder Standortschließung verschwinden die Streitkräfte außerdem einmal mehr aus der deutschen Lebenswirklichkeit. Andererseits: Es kann nicht Aufgabe des bereits überdehnten Verteidigungshaushalts sein, durch Aufrechterhaltung einer suboptimalen Stationierung strukturschwache Regionen zu subventionieren !
Voraussetzung für die Aufrechterhaltung der Wehrpflicht sind ein ausreichender Streitkräfteumfang, die Gewährleistung der Wehrgerechtigkeit, eine akzeptable Dienstgestaltung und schließlich die Akzeptanz der Verpflichtung seitens der Betroffenen. Meinungsumfragen jüngeren Datums ergeben eine deutliche Mehrheit für eine *Freiwilligenarmee* (52). Dies mag an der Fragestellung liegen: "freiwillig" hat in unserer Gesellschaft einen guten Klang; die "Berufsarmee" hätte vermutlich weniger Sympathisanten. Trotzdem gilt, daß die Grundgesetznorm außerhalb von Zeiten spürbarer Bedrohung für junge Männer ein Abstraktum ist.
Eine nach ihrem Vorsitzenden Jacobsen benannte, von der Bundesregierung eingesetzte Kommission kam 1991 zu dem Ergebnis, daß Freiwilligenstreitkräfte leistungsfähig und kosteneffektiv seien und mit ihnen das Problem der Wehrgerechtigkeit der Vergangenheit angehöre (68). In allen Bundestagsfraktionen gibt es Befürworter der Berufsarmee; manch ein Abgeordneter wäre das mitunter lästige Institut der Allgemeinen Wehrpflicht gerne los. Eine Bundeswehr mit ausschließlich Zeit- und Berufssoldaten wäre trotz ihres Umfangs kaum weniger pflegeleicht wie der Bundesgrenzschutz.

Scheinbar einfacher als die Abschaffung wäre die (vorübergehende) Aussetzung der Wehrpflicht, die im Falle einer Krise wieder rückgängig gemacht werden könnte. Ein Blick in die Vereinigten Staaten nach Ende des Vietnamkrieges sollte jene eines besseren belehren, die mit der Wehrpflicht wie mit einem Lichtschalter umgehen möchten. Einmal ausgesetzt, wäre die Reaktivierung im Krisenfall nicht nur fast unmöglich durchzusetzen, sondern auch außenpolitisch ein riskantes Signal.
In der politischen Kultur des Nachkriegsdeutschland hat sich eingebürgert, im Instrument der Berufsarmee die Gefahr des "Staates im Staate" zu beschwören. Dieses Argument taugt nicht: Der Wesensunterschied der heutigen Bundeswehr zu allen Vorgängen in Deutschland ist grundlegend. An der *politischen Zuverlässigkeit der Soldaten* kann kein Zweifel bestehen. Die Gefahren der Abschaffung der Wehrpflicht liegen umgekehrt in der Wahrscheinlichkeit, daß Politik und Gesellschaft sich danach um die Streitkräfte kaum noch kümmern würden. Die Abhängigkeiten der Armee von der Staatsmacht, aber auch die Abhängigkeiten ausschließlich längerdienender Soldaten innerhalb der militärischen Hierarchie würden aus ihr ein willfähriges Instrument machen. Innere Führung passé !
300 Tausend Soldaten dürften die Untergrenze des Streitkräfteumfangs mit einer sinnvollen Verwendungsmöglichkeit für Wehrpflichtige sein. In der traditionellen Ausgestaltung des Dienstes wäre die Beibehaltung der einjährigen Dauer allerdings nur zu verantworten, wenn Wehrgerechtigkeit auch für weniger Taugliche oder wegen mangelnden Bedarfs nicht Herangezogene durch *alternative Dienstpflichten* geschaffen wird. Eine Verkürzung des Grundwehrdienstes auf neun Monate läßt sich in der heutigen Struktur der Bundeswehr und in der Organisation des Grundwehrdienstes schwerlich abbilden. Es ist kaum zu verantworten, daß ein Kurzdiener nach Abschluß seiner Ausbildung bereits entlassen wird. Der Charakter einer Armee aus Kurz- und Längerdienern in gemeinsamem Dienst würde zugunsten eines reinen Ausbildungsinstituts für die Reserve grundlegend verändert werden. Unabhängig von der Wehrform braucht die Bundeswehr das Element der Kurzdiener - vor allem aus Gründen der gesellschaftlichen Integration und

zur Rekrutierung von Führungsnachwuchs. Selbst in einer reinen Freiwilligenarmee läßt sich dies implementieren. Der Übergang vom herkömmlichen Grundwehrdienst zur Miliz mit einer Verkürzung auf sechs Monate und maßvoller Übungsverpflichtung nach dem aktiven Dienst wäre Teil einer weitreichenden Strukturreform. Sie könnte sich an Vorbildern orientieren, etwa in Österreich. Mit einem solchen Schritt könnte die völlige Abschaffung der Wehrpflicht mit ihren gesellschaftlichen Konsequenzen verhindert werden. Gleichwohl wäre die Einführung einer *Milizorganisation* ein jähes Ende für die jahrzehntelang genährte Fiktion, in der Bundeswehr täten Wehrpflichtige und freiwillige Soldaten Seite an Seite in derselben "kleinen Kampfgruppe" quasi austauschbar ihren Dienst fürs Vaterland.

Die Wehrstrukturkommission 1972 regte bereits die Aufgliederung der Präsenzstreitkräfte in *Kern- und Mantelverbände* an: Um einen Kern von gut trainierten und bestmöglich ausgestatteten länger dienenden Profi-Soldaten sollte sich ein Mantel von auf Heimatverteidigung spezialisierten Milizsoldaten im aktiven Dienst und in Reserveverwendung legen. Dies wäre die konsequente Umsetzung des Prinzips der Heimatverteidigung als selbstverständliche Bürgerpflicht. Mit einer solchen radikalen Reform des Grundwehrdienstes hätte auch die vielfach beklagte Unterforderung durch Gammeldienst und die Degradierung junger anspruchsvoller Arbeitnehmer und Studenten zu militärischen Hilfsarbeitern ein Ende. "W 6" und einige Wochenenden im Reservedienst würden vermutlich auch in die Lebensplanung junger deutscher Männer besser passen als ein vielfach als nutzlos empfundenes ganzes Jahr. Nachteil - vor allem aus Sicht von Militärs - wäre die sichtbare Teilung der Bundeswehr in zwei Klassen, die es in weniger krasser Form jedoch zu jeder Zeit gab: Man denke an das Territorialheer oder heute die Heraushebung der Krisenreaktionskräfte.
Seit geraumer Zeit haben wir in Deutschland faktisch Wahlfreiheit zwischen Wehr- und Zivildienst. Die Hürde für Kriegsdienstverweigerer (so nennt es das Grundgesetz) ist heute kaum höher als zu Zeiten des angefeindeten "Postkartenmodells" unter sozialdemokratischer Regierungsverantwor-

tung. Vor diesem Hintergrund ist die *Akzeptanz der Wehrpflicht* von entscheidender Bedeutung für die gesetzliche Aufrechterhaltung derselben. Die Begründung der Wehrpflicht muß dem Zeitgeist angepaßt werden. Pflichtpathos aus vergangenen Zeiten und eine Überbetonung der Grundgesetznorm gehen an den Denkgewohnheiten junger Männer heute vorbei. Man kann auch zweifeln, ob der Begriff des Dienens zu einer reifen Demokratie und ihrem Verhältnis Bürger - Staat paßt. Konservative Offiziere erschrecken, wenn etwa der Bundeswehrverband als Soldatengewerkschaft "gesellschaftliche Normalität" für seine Mitglieder verlangt. Diese Forderung ist jedoch zeitgemäß und konsequent: Mit Ausnahme zwingender militärischer Erfordernisse - vor allem im Einsatz - ist nicht zu begründen, warum Arbeitszeit und Mitbestimmung in der Truppe prinzipiell anders geregelt werden müssen als in der Wehrverwaltung oder für andere staatliche Vollzugsberufe.

Akzeptanzmindernd wirkt immer wieder ein altbekannter und offenbar nicht ausrottbarer Mißstand: Grundwehrdienstleistende, die ihren Dienst mit neutralen bis leicht positiven Erwartungen angetreten haben, verlassen die Bundeswehr nach zwölf oder mehr Monaten mit Enttäuschung. Dieser empirische Befund wird nicht dadurch entkräftet, daß einige Jahre später der Rückblick das Soldatsein in freundlicheres Licht taucht. Übereinstimmend berichten wehrpflichtige Soldaten am Ende ihrer Dienstzeit von unsinnigen Befehlen, Herumkommandieren und Langeweile durch Unterforderung. Demgegenüber werden die erlebte Kameradschaft, der Sport und der Umgang mit Technik als positive Erfahrung gewürdigt.

Angesichts des steigenden Anteils der Verweigerer in den Musterungs-Jahrgängen und des geringeren Bedarfs der Streitkräfte - der auch mit Hilfe der Tauglichkeitskriterien reguliert wird - droht der *Wehrdienst* in Deutschland immer mehr zur *Erfahrung einer Minderheit* zu werden. Wenn weniger als die Hälfte eines Jahrgangs "dient", wird die Regel zur Ausnahme. Es kann wenig überzeugen, wenn sich im politischen Raum nicht zuletzt ehemalige Kriegsdienstverweigerer als glühende Verfechter der Wehrpflichtarmee profilieren, ohne zeitgemäße Strukturvorschläge machen zu können.

Die faktische Wahlfreiheit zwischen Wehr- und Zivildienst und die geringe gesellschaftliche Relevanz militärpolitischer Fragen hat im Laufe der Jahre dazu geführt, daß es zwischen Erfüllung und Verweigerung der Wehrpflicht keine trennscharfe Gruppenbildung mehr gibt: Über den politischen Standort, über die Einbindung in gesellschaftliche Gruppen sagt wenig aus, ob ein junger Mann die Uniform anhatte oder im Krankenhaus Hilfe leistete. Vor der eigentlichen Entscheidung befragt, erklären unwesentlich mehr junge Männer, daß sie zum Wehrdienst bereit sind, als sich entschlossene Verweigerer zu erkennen geben: 35 gegenüber 30 Prozent 1992 im Westen Deutschlands (52). Die Zustimmung zu Landesverteidigung und Bündnis ist demgegenüber nicht zeitanfällig und (im Westen) unverändert hoch. Sie scheint inzwischen zur Staatsräson der Bundesrepublik Deutschland zu gehören.

Wenn es bei einem Grundwehrdienst von zwölf Monaten bleiben soll und wenn Wehrgerechtigkeit als empfindliches Gut behandelt wird, verlangt die Reduzierung der Präsenzstärke auf dreihunderttausend Soldaten ergänzende Dienstpflichten für jene Nicht-Verweigerer, die die Bundeswehr nicht braucht. Im Rahmen einer *Allgemeinen Dienstpflicht für Männer* würde der Wehrdienst zu einer gleichberechtigten Wahlmöglichkeit neben anderen gesellschaftlichen Diensten im Sozialwesen, im Umweltschutz, im Katastrophenschutz oder in der Entwicklungshilfe (69). Eine Korrektur des Grundgesetzes könnte auch die Fiktion der "Gewissensprüfung" als Hürde für die Kriegsdienstverweigerung beseitigen. Die Einbeziehung von Frauen aus Gründen der Gleichbehandlung erscheint aus verfassungsrechtlichen Gründen nicht zwingend; sie wäre angesichts der Vervielfachung notwendiger Dienstangebote auch kaum zu realisieren.

Im Rahmen einer solchen Reform müßte der Wehrdienst als Alternative attraktiver werden, damit der Bedarf der Streitkräfte ohne die Verfassungsnorm der Wehrpflicht gedeckt werden kann. Auch wenn es konservativen Rechtsgelehrten und Offizieren die Haare zu Berge stehen läßt: Dieser Wettbewerb um junge Männer wäre ein heilsamer Zwang, durch sinnvolle, fordernde Dienstgestaltung genügend "freiwillige Dienstpflichtige" für die

Bundeswehr zu interessieren. Eine solche runderneuerte deutsche Armee braucht keine Technokraten in Uniform, sondern Offiziere und Unteroffiziere, denen der Umgang mit jungen Menschen Freude macht. Die Notwendigkeit, den Auftrag der Streitkräfte und den Sinn des Dienstes jeder Generation aus dem Zivilleben gerissener, mäßig motivierter Kurzdiener von neuem zu vermitteln, ist kein lästiges Beiwerk, sondern in einer Demokratie im Frieden zentrale politische und militärische Führungsaufgabe. Sozialdemokratische Verteidigungspolitik muß und wird sich in einer *Wiederbelebung der Inneren Führung* in der Bundeswehr bewähren.

11. Gespräch mit Helmut Schmidt:

Ich war nie ein Pazifist

Gerster: Herr Schmidt, gibt es in der SPD einen pazifistischen Grundzug, der trotz realpolitischer Entscheidungen das kollektive Gefühlsleben prägt?

Schmidt: Das ist ein bißchen sehr soziologisch ausgedrückt. Es entstand ein solcher Grundzug nach dem Ersten Weltkrieg. Vorher gab es einen antimilitaristischer Art, aber nicht unbedingt einen pazifistischen. Ich erinnere Sie an August Bebel. Aber auch danach erfaßte er nicht alle Leute, siehe Gustav Noske, siehe Julius Leber, siehe den Magdeburger Parteitag 1929. Er erfaßte auch nach dem Zweiten Weltkrieg nicht etwa Ernst Reuter oder Fritz Erler oder Carlo Schmid. Der Ausdruck "Grundzug" ist ein bißchen irreführend; das klingt so, als ob im Grunde alle so gedacht hätten. Das war nicht der Fall.

Die pazifistische Grundstimmung kam zuerst auf in der sozialistischen Arbeiterjugend der zwanziger und frühen dreißiger Jahre. Nach dem Zweiten Weltkrieg waren die damals Jugendlichen nun inzwischen alle erwachsen. Viele von ihnen hatten Funktionen in der Sozialdemokratischen Partei, einige auch in Landesparlamenten oder sogar im Bundestag. Inzwischen hatten sie begriffen, daß die Illusion "der Mensch ist gut" eben doch eine Illusion war. Inzwischen hatten sie auch zum großen Teil kapiert, daß, wenn ich selber mich nicht wehre, gleichwohl der Krieg stattfindet. Die Überfälle Stalins zunächst auf Ungarn 1956, dann zwölf Jahre später auf die Tschechoslowakei und andere brutale Akte hatten diese Erkenntnis genährt. Der Gesinnungspazifismus bricht dann wieder hervor und spielt eine größere Rolle nach *1968 bei den Jungakademikern.* Sie meinten, daß *mit ihnen eigentlich erst die Moral anfängt in der Politik.*

Gerster: Hatte Kurt Schumacher pazifistische Grundzüge ?

Schmidt: Nein, überhaupt nicht, ganz im Gegenteil! Er hat zum Teil Äußerungen getan nach 1945, die ich schon damals für einen übertriebenen Nationalismus gehalten habe. Lesen Sie mal nach, wie Schumacher 1950 Stellung genommen hat zu dem Projekt einer Europäischen Verteidigungsgemeinschaft. Wo er sagt, wenn wir uns wiederbewaffnen sollen, dann nur, wenn die Westalliierten sich ganz und gar mit unserem Schicksal verbinden und wenn wir in der Lage sind, die Verteidigung offensiv nach Osten vorzutreiben. Das war das krasse Gegenteil von Pazifismus - ein für mich nicht akzeptables Gegenteil. Übrigens, *ich war nie ein Pazifist* und habe auch nie irgendeinen pazifistischen Gedanken gehabt.

Gerster: War dieses fast offensiv wirkende Konzept, das Schumacher auch im Bundestag in einer Rede 1950 beschrieben hat als Bedingung für einen deutschen Verteidigungsbeitrag, seine persönliche Auffassung oder war es damals die Auffassung der SPD-Führung?

Schmidt: Das weiß ich nicht. Ich habe der SPD-Führung damals nicht angehört. Schumacher war ein charismatischer Führer, der in der Lage war, viele Sozialdemokraten, auch Mandatsträger, Funktionäre mitzureißen. Es kann durchaus sein, daß er sie damals mitgerissen hat. Es ist denkbar, daß er sie mitgerissen hat. Gewiß jedoch nicht alle.
Die Gegnerschaft gegen die Europäische Verteidigungsgemeinschaft und gegen die Mitgliedschaft in der NATO war nicht so sehr pazifistisch motiviert. Sie war motiviert aus der Vorstellung, daß dies die endgültige Zweiteilung Deutschlands bedeuten würde, und das war auch das Argument. Die Gegnerschaft entstammte nicht einer pazifistischen Grundströmung, sondern der Vorstellung, daß, wenn Westdeutschland bewaffnet wird, dann wird auch Ostdeutschland von Herrn Stalin bewaffnet werden. Dann stünden beide gegeneinander, und es käme nie mehr zur Wiedervereinigung, wie man damals zu sagen pflegte, der deutschen Nation. Das war das Motiv und das Argument. Gleichwohl war es manchen Sozialdemokraten sicherlich ganz recht, daß auf diese Weise auch eine gewisse pro-pazifistische Grundtendenz ihrer Seele befriedigt wurde.

Gerster: Ins Jahr 1959. Wie ist zu erklären, daß die Gremien der SPD im selben Jahr 1959 erst den Deutschlandplan und danach das Godesberger Grundsatzprogramm verabschiedet haben mit höchst unterschiedlichen Vorschlägen?

Schmidt: Worin unterscheiden sich nach Ihrer Meinung die beiden Papiere?

Gerster: Der Deutschlandplan hat mehr oder weniger eine neutralistische Orientierung, im nachhinein betrachtet, während das Godesberger Programm 1960 die in der Wehner-Rede 1960 noch eindeutiger vollzogene Hinwendung zum Westen bereits erkennen läßt.

Schmidt: Der Deutschlandplan ist in einer versimpelten, vereinfachten Form der Öffentlichkeit vorgestellt worden. Das war niemals das eigentliche Dokument. Das, was veröffentlicht worden ist, war ein in einer Nachtarbeit zwischen Onkel Herbert und Franz Barsig für die Presse zurechtgemachtes, versimpeltes Dokument. Ich war daran beteiligt. Ich hätte mich nicht daran beteiligt, wenn es ein neutralistisches Dokument gewesen wäre, das wir ausgearbeitet haben. Ich habe damals den wirtschaftlichen Teil des nicht veröffentlichten Gesamtdokumentes geschrieben, zwar nicht ganz allein, sondern mit Hilfe auch anderer. Das Papier ging selbstverständlich nicht davon aus, daß die Sowjetunion sich aus Ostdeutschland zurückgezogen hatte, sondern davon, daß, auf welche Weise auch immer, die politische Vereinigung Deutschlands möglich sei und daß die wirtschaftliche Vereinigung eine Reihe von Problemen aufwarf, die ich dann damals behandelt habe.

Gerster: Wehner hat ihn 1960 ausdrücklich für überholt erklärt im Deutschen Bundestag.

Schmidt: Ja, er war schon überholt, als er veröffentlicht wurde. Denn, wenige Tage, ehe er veröffentlicht wurde, kamen Fritz Erler und Carlo

Schmid von einer Erkundungsreise aus Moskau zurück. Dort hatten Sie Chruchtschow besucht. Er hatte ihnen gesagt, Wiedervereinigung? - bei Euch piept's wohl. Sie kamen völlig am Boden zerstört wieder. Nun wollte Herbert Wehner gleichwohl dieses Dokument veröffentlichen, hat es dann in einer versimpelten - sage ich nochmal mit Absicht - Form veröffentlicht, wohl wissend, daß eigentlich dafür überhaupt keine Realisierungschance bestand. Ich habe übrigens jüngst mein Kapitel von einem Ostberliner Verlag nachdrucken lassen, kurz nach der Wende von 1989, weil aus meinem Teil jedenfalls hervorging, daß man aufgrund der wirtschaftlichen Lage mit einer großen Arbeitslosigkeit im Osten Deutschlands rechnen muß. Das habe ich damals klar gesehen. Ich habe auch den großen Abstand der Produktivität pro Arbeitsstunde deutlich gesehen, damals 5 : 3, 1989 war es inzwischen 10 : 3 geworden oder 3 : 1.

Wehner hat in einem Husarenritt mit seiner Rede am 30. Juni 1960 die Sozial-demokraten auf den Boden der Wirklichkeit geholt, und sie haben das akzeptiert. Erstaunlicherweise, könnten Sie denken. Aber Wehner war auch ein Mann mit Autorität. Und da er von ganz links gekommen war, mit Hilfe Schumachers Sozialdemokrat geworden, hatte er für die ganz linken Leute in der SPD eine größere Glaubwürdigkeit als etwa Fritz Erler zu dem Zeitpunkt gehabt hätte. Im Grunde vollzog Wehner mit der Rede am 30. Juni 1960 etwas, worüber sich eine große Zahl von führenden Sozialdemokraten jener Jahre längst im klaren waren, als da sind: Carlo Schmid, Adolf Arndt, Fritz Erler, ich selbst - ich war noch nicht in einer Führungsposition, aber immerhin war ich Fraktionsvorstandsmitglied -, Karl Wienand und andere: Wir waren uns alle darüber klar, daß die Ablehnung des NATO-Beitritts und anderes nicht aufrechtzuerhalten war nach der Art, wie das Militär am 17. Juni 1953 drüben eingegriffen hatte. Wir wurden nur zu schrecklich bestätigt durch die Kuba-Krise. Wehner vollzog also etwas, was vielleicht für einen Teil des Fußvolkes der Sozialdemokraten hätte erstaunlich sein können, im Grunde aber nicht erstaunlich gewesen ist, weil die Führung mehr oder minder längst dieser Meinung war, ohne es nach außen öffentlich auszusprechen.

Gerster: Gab es nach dieser Rede in den Gremien einen Eklat?

Schmidt: Ich kann mich nicht erinnern, ich glaube es aber nicht.

Gerster: Zurück zum Godesberger Programm: Hatte es einen tiefen Grund, warum die Allianz damals überhaupt nicht erwähnt worden ist, sondern 1959 nur das Ja zur Landesverteidigung?

Schmidt: Ich weiß es nicht. Vielleicht war es auch nachträglicher Respekt und Loyalität gegenüber Kurt Schumacher, der die Allianz abgelehnt hatte. Ollenhauer war kein charismatischer Führer, Kurt Schumacher war einer gewesen. Das Godesberger Programm liegt in seiner Verabschiedung sieben Jahre hinter Schumachers Tod. Vielleicht war es das - Loyalität gegenüber Schumacher. Aber diese Passage im Godesberger Programm, an dem ich in Kommissionen mitgearbeitet habe, die die Landesverteidigung bejahte, hatte auf dem Parteitag ein paar Gegenstimmen gefunden, eine sehr kleine Minderheit nur. Ich kann mich nicht erinnern, daß es ganz großer Überredungskünste bedurft hat, um die große Mehrheit für diese Passage herbeizuführen.

Gerster: Die Bejahung des deutschen Verteidigungsbeitrags seitens der SPD ab 1959 schloß die Zustimmung zur Atombewaffnung zunächst nicht ein.

Schmidt: Nein, schloß sie aus.

Gerster: Ab wann akzeptierte die sozialdemokratische Sicherheitspolitik die atomare Abschreckung im Prinzip?

Schmidt: Ich habe dazu zwei Bücher geschrieben. Eines erschien 1961.

Gerster: "Verteidigung oder Vergeltung".

Schmidt: "Verteidigung oder Vergeltung". Daraus müßte zu entnehmen sein, was auch meine Partei damals gedacht hat. Das Buch war dagegen, einen etwaigen sowjetischen Angriff abwehren zu wollen durch nukleare Vergeltung, nicht gegen Nuklearwaffen schlechthin, sondern gegen dieses Konzept der massiven Vergeltung.

Gerster: Massive retaliation, ja.

Schmidt: Weil ich das für ein lebensgefährliches Konzept hielt. Wenn die Russen sich nicht abschrecken ließen, wäre es sehr fraglich gewesen, ob der Westen das Konzept angewandt hätte. Wenn er es angewandt hätte, hätte es zur Vernichtung Deutschlands geführt.
Ich habe dann ein zweites Buch Ende der sechziger Jahre geschrieben. Es hieß: "Strategie des Gleichgewichts". Damals waren das alles vollzogene Tatsachen mit der sogenannten atomaren Bewaffnung. In Wirklichkeit war es keine atomare Bewaffnung der Bundeswehr, sondern sie wurde mit Atomwaffen ausgestattet, aber der Trigger lag nicht bei den Deutschen. Es konnte kein Deutscher auf den Knopf drücken, und dann schossen die Atomwaffen. Und es war nicht nur ein juristischer, es war auch ein technischer Vorbehalt. Das waren damals keine Gefechtsfeldwaffen, aber die Bewaffnung damit war inzwischen vollzogen, da konnte man nicht mehr viel drum streiten. In der damaligen Großen Koalition, 1966 gebildet, haben die Sozialdemokraten keinen Versuch gemacht, etwas rückgängig zu machen. Da ging man doch davon aus, daß die Sache "a fact of life" ist. Und 1969, als Gerhard Schröder als Verteidigungsminister der Großen Koalition durch mich als Verteidigungsminister der Sozialliberalen Koalition abgelöst wurde, hat kein Mensch von mir erwartet, daß ich rückgängig machen sollte, was schon geschehen war. Allerdings habe ich als Verteidigungsminister die Verlegung sogenannter nuklearer Minen entlang des Eisernen Vorhangs verhindert. Aber aus Gründen der Zweckmäßigkeit, nicht aus Gründen des Pazifismus.

Gerster: Zur Deutschlandpolitik. Gab es für Sie zu irgendeinem Zeitpunkt der Nachkriegsgeschichte eine reelle Chance, ein neutralisiertes Deutschland wiederzuvereinigen?

Schmidt: Das kann kein Mensch mit Bestimmtheit bejahen oder verneinen. Ich neige heute dazu, die Stalin-Note vom März 1952 - es waren ja wohl zwei Noten nacheinander - für ein diplomatisch-taktisches Manöver zu halten und nicht für ein ernsthaftes Angebot, die Wiedervereinigung herzustellen. Warum hätte Stalin das anbieten sollen? Er besaß ganz Ost-Europa, seine Truppen standen überall, warum sollte er seine Truppen aus Ostdeutschland zurückziehen, um Deutschland zu neutralisieren? Die heutige, aus dem großen Abstand vorgenommene nüchterne Beurteilung dieses bedeutenden Strategen, der Stalin ja gewesen ist, läßt mich eher vermuten, daß es keineswegs ein ernsthaftes Angebot war, über deutsche Vereinigung zu reden. Ich meine allerdings auch heute, es sei ein Fehler gewesen, daß der Westen nicht ernsthaft mit ihm darüber geredet hat. Es wäre wahrscheinlich nichts dabei herausgekommen. Aber es wäre viel böses Blut innerhalb Westdeutschlands vermieden worden, wenn der Westen ernsthaft mit den Sowjets darüber geredet hätte.

Gerster: Der britische Historiker Timothy Garton Ash hat Ihre Grundeinstellung zur europäischen Sicherheitspolitik als "vorsichtigen und staatsmännischen deutschen Gaullismus" beschrieben. Akzeptieren Sie dies?

Schmidt: Ich habe sein Buch nicht gelesen. Was ist Gaullismus? Ash ist ein hoch begabter, historischer gebildeter Journalist; ich weiß nicht, was er meint mit dem Wort Gaullismus.

Gerster: Sie haben zum Beispiel in dem Buch "Eine Strategie für den Westen" Jahre vor der deutschen Einheit eine *französische Führung für den europäischen Kontinent* vorgeschlagen.

Schmidt: Ja, ja, sehr gut. Und ich habe auch tatsächlich in den achteinhalb Jahren meiner Kanzlerschaft den Franzosen immer öffentlich den Vortritt gelassen. Das hat mit de Gaulle nichts zu tun. Es hat etwas zu tun mit meiner Kenntnis der nationalen psychischen Eigenarten der Franzosen. Ich habe mich nie für einen Gaullisten gehalten. Ich höre das zum ersten Mal, ich finde, das trifft nicht meine Vorstellungen. Ich war immer überzeugt, anders als de Gaulle, von der im deutschen Interesse liegenden Selbsteinbindung Deutschlands in die schrittweise sich entwickelnde, damals westeuropäische Integration. De Gaulle redete von einem Europa vom Atlantik bis zum Ural. Er hat entgegen seinen früheren Reden die damalige Europäische Wirtschaftsgemeinschaft als Tatsache des Lebens hingenommen und konnte sie auch nicht mehr ändern. Den Vorwurf des Gaullismus, den man auch dem Strauß gemacht hat, halte ich für eine journalistische Formel ohne wirkliche Bedeutung.

Gerster: *Hätte auch ein vereinigtes Deutschland den Franzosen den Vortritt lassen können* und sollen?

Schmidt: Ja. Es sollte dies auch morgen noch tun, dies ist meine tiefe innere Überzeugung, insbesondere, seitdem es vereinigt ist. Wir sind achtzig Millionen Menschen, anderthalbmal soviel wie der französische Nationalstaat, anderthalbmal soviel wie der englische, wie der italienische, alle Länder um uns herum sind nervös wegen dieser Größe Deutschlands und wegen der von ihnen unterstellten zukünftigen wirtschaftlichen Macht Deutschlands, von der sie fürchten, sie würde auch in politische Macht umgesetzt werden. Es gibt kein Volk in Europa - wenn ich von den Russen absehen darf - mit so vielen Nachbarn wie wir. Unsere geopolitische Lage im Zentrum dieses kleinen Kontinents ist unglücklich - es gibt kein Volk, das mit seinen Nachbarn so viel Kriege geführt hat oder von seinen Nachbarn mit Krieg überzogen worden ist wie die Deutschen. Wenn wir mit unseren Nachbarn in Frieden leben wollen, ist kein besseres Konzept erkennbar als die europäische Integration, in die dann zu dem Zeitpunkt, den sie selbst bestimmen müssen, die Polen und die Tschechen gefälligst einbezogen werden müssen. Davon war ich im Gegensatz zu Schumacher seit 1947/48 überzeugt. Ganz im Gegensatz zu Schumacher.

Ich habe mich auch als junger Mann - ich war 1948 gerade 30 Jahre alt geworden - mit Zeitschriftenaufsätzen für die Annahme der Ruhr-Behörde und für die Annahme des Schuman-Plans eingesetzt. Schumacher war dagegen. Schumacher hat sich bei der Hamburger SPD beschwert: Wieso laßt ihr zu, daß dieser junge Mann Schmidt sich gegen meine von der SPD gebilligte Auffassung für den Schuman-Plan einsetzt. Ich habe aus meiner Kenntnis der deutschen Geschichte der letzten Jahrhunderte gewußt, daß Deutschland sich selbst einbinden muß, wenn es verhindern will, daß das wieder eintritt, was wir im Laufe der letzten drei Generationen zweimal erlebt haben: daß die anderen europäischen Staaten nach dem Abtritt Bismarcks eine Koalition gegen uns gebildet haben, verfestigt durch den Ersten Weltkrieg, und das zweite Mal blutig erzwungen durch Hitlers Überfälle auf alle möglichen Nachbarstaaten. Wenn wir das nicht ein drittes Mal erleben wollen, dann muß Deutschland sich in Europa einbinden.

Ich weiß gar nicht, was dagegen einzuwenden sein soll, daß man den Franzosen bei allen möglichen protokollarischen Gelegenheiten, Konferenzen oder was auch immer die Möglichkeit läßt, ihr nationales Prestigebedürfnis zu befriedigen. Ich habe kein nationales Prestigebedürfnis, ich habe nie eins gehabt. Ich habe mich immer für einen deutschen Patrioten gehalten, aber das muß mich doch nicht hindern, mich im Verkehr mit unserem wichtigsten Nachbarn Frankreich zweckmäßig zu verhalten. *Ich hätte mich auch,* als es zu einem Streit kam zwischen Franzosen und Amerikanern *wegen der Uruguay-Runde des GATT,* und wenn dieser nicht anders zu lösen gewesen wäre, *auf die französische Seite gestellt.* Die Bindung Amerikas an Europa wird davon nicht gefährdet. Aber wenn Deutschland sich mit Amerika gegen Frankreich stellt, dann wird die Bindung Frankreichs an die europäische Integration gefährdet.

Gerster: Herr Schmidt, Sie waren nach Gustav Noske der zweite sozialdemokratische Verteidigungsminister in Deutschland. Haben Sie bei Ihrem Amtsantritt das Scheitern Noskes fünfzig Jahre vorher als belastend empfunden?

Schmidt: Selbstverständlich. *Ich habe mich auch lange genug geweigert, Verteidigungsminister zu werden.* Aber natürlich brauchte der Kanzler der Sozialliberalen Koalition an der Spitze der Bundeswehr jemanden, über dessen westliche Verankerung niemand in Frankreich oder in Amerika oder in England Zweifel haben konnte. Und deswegen habe ich mich gefügt. Ich wäre sehr viel lieber Fraktionsvorsitzender geblieben. Weil ich aber wußte, wer Noske zum Scheitern gebracht hatte, auch die Fehler kannte, die er selbst gemacht hatte, gab es für mich eine dringend notwendige politische Voraussetzung, um auf die Hardthöhe zu gehen: *Meine Bedingung war, daß Onkel Herbert,* der sehr gerne Bundesminister war, weil der Stander bewies, daß man ihm seine kommunistische Vergangenheit nicht mehr vorhielt, nicht wieder Minister wurde, wie er es in der Großen Koalition gewesen war, sondern *die Fraktionsführung übernahm,* um sicher zu sein, daß mir jemand den Rücken freihalten würde. Das hat Herbert Wehner auch getan, nicht nur die zwei oder drei Jahre, als ich Verteidigungsminister war, sondern während der ganzen dreizehn Jahre, in denen ich anschließend Finanzminister und Bundeskanzler gewesen bin. Herbert Wehner war ein - bei allem, was man über ihn sagen und schreiben mag und über ihn lesen kann - sehr zuverlässiger Mensch. Das kann man nicht von allen Leuten sagen, die in jenen Jahren auf der Bühne gestanden sind für die Sozialdemokratische Partei.

Gerster: Hatten Sie als erster sozialdemokratischer Verteidigungsminister nach dem Krieg trotz Ihres persönlichen Ansehens mit Vorurteilen in der Bundeswehr zu kämpfen?

Schmidt: Nein, ich habe davon nichts gemerkt. Sie hatten meine Bücher gelesen, und ich habe keine Kritik aus der Feder von Generalen oder ehemaligen Generalen der Bundeswehr an diesen Büchern in Erinnerung. Nein, eher im Gegenteil. Sie waren natürlich überwiegend konservativ, wie die Militärs in fast allen Ländern der Welt, und nachdem es nun entgegen ihren Hoffnungen einen sozialdemokratischen Kanzler gab, waren sie heilfroh, den *Schmidt als Verteidigungsminister* zu kriegen, obwohl der in mancher Beziehung *das Unterste zuoberst gekehrt* hat in der Bundeswehr in den ersten zwölf Monaten. Nein, ich habe von ernsthafter Opposition nichts in Erinnerung. Damals war Ulrich de Maizière Generalinspekteur, ihm folgte der Admiral Zimmermann; zum Entsetzen des Heeres machte ich einen Admiral zum Generalinspekteur. Ich glaube, sagen zu dürfen, daß sowohl de Maizière wie auch Zimmermann und insbesondere der jüngst verstorbene General Johannes Steinhoff mir eigentlich sehr die Stange gehalten haben. Dies war zunächst für de Maizière so einfach nicht. Ich sagte, es geht nicht weiter an, daß die Offiziere keine richtige Bildung haben. Wer hier Lebenszeitoffizier werden will oder zwölf Jahre als Offizier dienen will, muß eine Universitätsausbildung bekommen wie jeder Hauptschullehrer in Deutschland auch. Sonst ist er denen nicht gewachsen. Für die preußisch-deutsche Militärtradition, auch für die bayrisch-deutsche oder sächsisch-deutsche war es unglaublich, daß die Offiziere, ehe sie endgültig ernannt wurden, drei Jahre auf eine Universität gehen sollten, nicht von militärischen Lehrern belehrt, sondern von zivilen Professoren. Und so habe ich manche Dinge in Gang gesetzt. Ich habe zwei Hochschulen gegründet. Ich habe Tagungen eingerichtet. Ich habe entgegen den Wünschen des Militärs keinen Militär zum Befehlshaber über die drei Streitkräfte gemacht, was verfassungsmäßig möglich gewesen wäre.

Gerster: Blankeneser Erlaß.

Schmidt: Ja, der Blankeneser Erlaß. Alles das war natürlich nicht gerade erfreulich für die Leute, die in konservativen Bahnen erzogen worden waren. Aber sie haben es mitgemacht. Sie haben den Schmidt nicht kritisiert, weil er ein Sozi war.

Gerster: Meinungsumfragen der letzten Jahrzehnte belegen, daß die atomare Komponente der Militärstrategie der NATO nie auf einem wirklichen Konsens in der Bevölkerung aufbauen konnte. War dies Ihrer Meinung nach der Hauptgrund für den Fundamentalwiderstand gegen die Nachrüstung?

Schmidt: Nein, nein.

Gerster: Was war der Hauptgrund?

Schmidt: Der Widerstand gegen den NATO-Doppelbeschluß stammte aus der *sogenannten Friedensbewegung, nicht aus dem Volk.* Die Friedensbewegung war eine Bewegung, im wesentlichen ins Leben gerufen von jungen Studikern, ausgelöst auf dem Campus vieler amerikanischer Universitäten, anschließend auf denen der französischen. Dort im wesentlichen aus Widerstand gegen die Fortsetzung des Krieges in Vietnam. Deutschland war an diesem Krieg überhaupt nicht beteiligt. Die deutschen Studenten mußten also ihre eigenen Zielsetzungen sich erdenken, formulieren. *Sie kamen sich wie die größten Widerstandskämpfer gegen Adolf Nazi vor.* Wenn Sie damals alle schon gelebt hätten, so wären sie im Widerstand gewesen, und selbstverständlich wären sie auch alle bereit gewesen, Märtyrer zu werden und sich in Plötzensee am Fleischerhaken aufhängen zu lassen - so dachten sie jedenfalls von sich selbst. Sie waren die großen Idealisten, das heißt, sie hielten sich für Marxisten - das waren sie aber auch nicht. Ein Teil von ihnen dachte, wenn wir auf Waffen verzichten, tun die anderen das auch. "Frieden schaffen ohne Waffen!" Das hat zwar Friedrich Schorlemmer in der DDR popularisiert, aber das war das eigentliche Denken dieser jungen Leute in Westdeutschland. Es schwappte dann tief in die Sozialdemokratische Partei hinein, nicht so sehr in die veröffentlichte und öffentliche Meinung.

Ich weiß von Gorbatschow, daß damals, zur Zeit des Doppelbeschlusses, das sowjetische Militär im Politbüro vorgetragen hat, es sei Quatsch zu verhandeln. "Wir haben die Raketen, die SS 20, die haben nichts. Also lassen wir das doch so, wie es ist". Und daß erst dann, als die vier Jahre später sahen, daß der Doppelbeschluß um die zweite Hälfte dieses Beschlusses verwirklicht wird, daß es also ernst wird mit der Nachrüstung, haben einige Russen angefangen, darüber nachzudenken. An der Spitze Gorbatschow selbst und wahrscheinlich Schewardnadse. Die *Leute im Politbüro* haben ab 1979 zunächst Hoffnungen gesetzt auf die deutsche Friedensbewegung, welche die Nachrüstung verhindern würde, und sie haben *Ostberlin* dazu initiiert, der *Friedensbewegung auf verschiedene Weise zu helfen.* Sie hofften, dadurch würde die Nachrüstung verhindert.

Gerster: Ich möchte gerne eine letzte aktuelle Frage stellen. Der jüngste Bericht des Wehrbeauftragten beschreibt das Akzeptanzdefizit der Wehrpflicht angesichts einer Verweigererquote von nahezu 30 Prozent eines männlichen Jahrgangs. Wie denken Sie über die Zukunft der Wehrpflichtarmee in Deutschland?

Schmidt: Ich bin grundsätzlich *für die Aufrechterhaltung einer Wehrpflichtarmee,* weil ich die innenpolitischen Folgen einer Berufsarmee fürchte. Wir haben hier keine englischen Traditionen. Wenn Sie eine Berufsarmee schaffen, dann schaffen Sie zwangsläufig in dieser Armee eine andere psychologische Situation als sie in einer Wehrpflichtarmee gegeben ist. Ich bin zweitens dagegen, weil, solange die Franzosen, die Italiener, die Holländer, die Belgier Wehrpflichtarmeen unterhalten, das Umsteigen auf eine Freiwilligen- oder Berufsarmee in Deutschland zwangsläufig interpretiert werden würde als der Beginn eines deutschen Sonderweges. Drittens: Ich sehe das Phänomen, von dem der Wehrbeauftragte Biehle spricht, sehr deutlich vor mir. Das war seit Jahren zu erkennen. Deswegen habe ich mich ausgesprochen für eine *Allgemeine Dienstpflicht für alle jungen Deutschen* - übrigens auch für die Mädchen. Und dann kann man im Rahmen der Allgemeinen Dienstpflicht dem einzelnen jungen Mann Freiheit lassen, ob er sich in Krankenhäusern nützlich machen will, in Altenheimen oder in der Bundeswehr. In vielen Fällen ist der Dienst in der Bundeswehr einfacher zu ertragen als der Dienst im Altenheim oder in Heimen für Behinderte oder für mental retardierte Kinder. Aber ich würde die Dienstpflicht nicht aufgeben, um Gottes willen.

12. Gespräch mit Egon Bahr:

Nie wieder Krieg von deutschem Boden

Gerster: In welcher Phase ihrer Geschichte hatte die sozialdemokratische Außen- und Sicherheitspolitik am ehesten pazifistische Züge?

Bahr: Soweit ich das übersehen kann, also sagen wir, seit den fünfziger Jahren hat es in der SPD immer auch einen *pazifistischen Zweig* gegeben. Und ich hatte immer *Sympathie für diesen Zweig,* weil ich aus der Geschichte der Arbeiterbewegung den Traum einer Welt ohne Krieg durch Verweigerung verstehen konnte. Ideal, unter der Voraussetzung, daß andere auch Pazifisten sind. Solange das aber nicht der Fall ist, war für mich notgedrungen der Pazifismus, fast könnte ich sagen, ein Luxus, den sich die Pazifisten leisten können unter dem Schutz - in den fünfziger, sechziger, siebziger Jahren - der funktionierenden Abschreckung der gegenseitig gesicherten Zerstörungsfähigkeit. Mit anderen Worten: Ich war und bin der Auffassung, daß der Pazifismus auch in der SPD seinen Platz finden muß. Die *Partei kann jedoch keine pazifistische Partei werden,* wenn sie mitgestalten und einen Zustand erreichen will, in dem es Kriege zunächst in Europa nicht mehr gibt, was dann auch den Pazifisten zugute kommt. Aber *das geht nur mit Streitkräften*, solange es Streitkräfte in den uns umgebenden Ländern gibt.

Gerster: Gab es Phasen, in denen der Pazifismus nicht nur ein Flügel war, sondern sogar Mehrheitschancen hatte?

Bahr: Nein, er war einmal größer, einmal kleiner, Mehrheitschancen hat er in der SPD nie gehabt.

Gerster: *Wie sehr war die SPD* in ihrer außen- und sicherheitspolitischen Orientierung in verschiedenen geschichtlichen Phasen *eine deutsche,* und in welchen Phasen war sie *eher eine internationalistische oder internationale Partei?*

Bahr: Das ist eine sehr schwere Frage. Beides hat es immer nebeneinander gegeben. Wenn ich von mir sprechen darf, dann sage ich für jemanden, der das Ende des Krieges erlebt hat: das entscheidende Motiv, sich zu engagieren, war die Überzeugung, daß es Krieg oder Bedrohung von Deutschland aus nie wieder geben darf. Jeder Deutsche hatte eigentlich die Pflicht, sich dafür einzusetzen, daß Deutschland ein friedliebendes, demokratisches Land in der Mitte Europas wird. Wie weit ist das deutsch, wie weit ist das internationalistisch? Das ist von dem Bewegungsmoment her deutsch, wohl wissend, daß das nicht geht ohne die Mitwirkung der uns umgebenden Nachbarn und im weiteren der Sowjetunion und der Vereinigten Staaten von Amerika.
Dazu kam das Bewußtsein des geteilten Landes; die Frage war, wie weit können wir, die Deutschen, Geschichte bewegen, Umstände ändern. Dies ist für uns in Berlin 1959, 1960, 1961 das bewegende Motiv gewesen. Nachdem wir durch den Bau der Mauer festgestellt haben, daß uns niemand half, weder die Amis noch die Franzosen, noch die Engländer, die Russen schon gar nicht, die Bundesregierung übrigens auch nicht, mußten wir uns in Anerkennung nicht geliebter Realitäten selbst bewegen, die Mauer durchlässig machen, Menschen wieder zueinanderkommen lassen. Es war für mich ein großes Erlebnis, sozusagen das erste Erlebnis von verwirklichter Politik zu sehen, wie sich Menschen in die Arme fielen in Ostberlin aufgrund der ersten Passierscheine. Es war gleichzeitig das Bewußtsein, zum ersten Mal seit 1945 tun wir, die Deutschen, etwas, niemand kann uns dabei aufhalten, will uns dabei aufhalten, weil wir das genau in dem Rahmen gemacht haben, der uns gegeben war.
Dritter Punkt: Für mich war das eine sehr bewußte Angelegenheit, beim Vier-Mächte-Abkommen festzustellen, daß zum ersten Mal eine Vereinbarung in Deutschland, für Deutschland, nicht ohne die Mitwirkung der beiden deutschen Staaten zustande gekommen ist. *Die vier Mächte konnten nicht mehr allein über Deutschland verfügen,* in Deutschland eine Regelung treffen ohne die Beteiligung der Deutschen. Wenn die beiden deutschen Regierungen sich nicht geeinigt hätten, wäre das Vier-Mächte-Abkommen

nicht zustande gekommen. Im Grunde war das die *Formel 4 + 2*, die achtzehn Jahre später in die *Formel 2 + 4* übergegangen ist. Man kann die ganze Nachkriegsgeschichte Deutschlands schreiben unter der Unterschrift "Wie erhält Deutschland seine Souveränität wieder?" Von dem Augenblick an, in dem wir im Auswärtigen Amt 1967/68 das entworfen haben, was später Ost- und Entspannungspolitik genannt wurde, haben wir mehr als fünfzig Prozent der Arbeit der Analyse der Interessen unserer Hauptverbündeten gewidmet, der ehemaligen Siegermächte und der Nachbarn. Wir haben in jedem Augenblick gewußt, daß wir nichts im Alleingang machen können. Jetzt ist die Frage nochmals gestellt: Internationalismus oder Nationalismus? Ich glaube, daß deutsche nationale Interessen im Vordergrund zu stehen haben wie die Interessen jedes anderen Staates und derjenigen, die in ihm Politik machen, und daß sie nur international in Verbindungen oder im Geleitzug gefördert werden können.

Gerster: Wie bewerten Sie den Versuch Fritz Erlers in den fünfziger Jahren, Gustav Noskes Leistung als Militärpolitiker gerechter, das heißt positiver zu würdigen?

Bahr: Ich habe das damals für richtig gehalten. Dieses berühmte Wort "Einer muß der Bluthund sein" ist schrecklich und drückt natürlich auch das Bewußtsein Noskes aus, daß er etwas Schreckliches gemacht hat. Aber der *Versuch Noskes*, die internationalistische *Partei mit den bewaffneten Streitkräften zu versöhnen, mußte unternommen werden*, wenn die Partei regierungsfähig werden wollte.

Gerster: In den siebziger Jahren verfolgte die Regierungspartei SPD zur gleichen Zeit eine *mutige Ostpolitik* und den vollen *Auf- und Ausbau der Bundeswehr*. War diese Gleichzeitigkeit Ausdruck einer *bewußten politischen Strategie* oder war es ein Nebeneinander?

Bahr: *Nein. Das war ganz bewußt.*

Erstens: Wir hatten Verpflichtungen übernommen, und man muß zu Verträgen stehen. Es ist so, daß die Bundeswehr unter Schmidt und Leber ihren größten Umfang erreicht hat. Man kann auch sagen, seither ging es bergab.
Zweitens: Nur mit einem funtionierenden westlichen Bündnis im Rücken konnten wir überhaupt Ost- und Entspannungspolitik machen. Ich habe bei den Verhandlungen in Moskau eine große Hochachtung vor den Finnen bekommen, die mit den Sowjets verhandeln mußten ohne einen solchen Rückhalt, und ich habe einen Teil meiner inneren Sicherheit durch das Bewußtsein dieses Rückhaltes gehabt, nicht nur, was die militärische Macht angeht. Von den Amerikanern, Franzosen, Engländern habe ich mich zuweilen mißtrauisch betrachtet, aber doch insgesamt gedeckt gefühlt.
Drittens: Das Nebeneinander von Sicherheit und Entspannung war ein Kernpunkt sozialdemokratischer Außen- und Sicherheitspolitik. Der Harmel-Bericht ist ein Schlüsseldokument nicht nur, weil er von der reinen Abschreckung übergeht zu einer Kombination von notwendiger Verteidigungsstärke und dem Angebot an den Osten zu Verhandlungen mit dem Ziel, dadurch die Überwindung der europäischen Spaltung und der deutschen Teilung einleiten zu können. Dieses Schlüsseldokument in der Geschichte der NATO ist natürlich nicht ohne die deutschen Sozialdemokraten zustande gekommen. Schütz als Staatssekretär im Auswärtigen Amt hat eine wichtige Rolle gespielt, die auch als solche anerkannt worden ist.

Gerster: Beurteilen Sie Doppelbeschluß und Nachrüstungsdebatte innerhalb und außerhalb der SPD heute anders als im Jahre 1983?

Bahr: Der Doppelbeschluß war 1979 gefaßt worden, ohne zu wissen, daß ein Jahr später Reagan in Washington Präsident würde und Maggie Thatcher Premierministerin in London. Im Ergebnis haben wir eine Akzentverschiebung des NATO-Doppelbeschlusses erlebt. 1979 war er der ernst gemeinte Versuch, durch Verhandlungen zu erreichen, daß eine Stationierung überflüssig wird. Praktisch haben wir, da die neue Administration in Amerika das berühmte halbe Jahr brauchte, um sich einzuarbeiten und Konzepte zu entwickeln, bis zum Sommer 1981 zwei Jahre für Verhandlungen verloren. Theoretisch hätte man also sagen müssen, wir verlängern die Verhandlungszeit auf die vorgesehenen vier Jahre.

Zweiter Punkt: Die erwähnte Akzentverschiebung hat mich damals zu der Auffassung gebracht, daß *die Amerikaner uns betrügen wollten*, das heißt sie wollten gar nicht ergebnisorientiert, sondern zeitorientiert verhandeln. Sie wollten den Zeitpunkt des Stationierungsbeginns erreichen ohne Verhandlungsergebnis. Dieser Verdacht ist heute durch das Buch "Raketenschach" des stellvertretenden US-Außenministers Strobe Talbott bestätigt.

Der dritte Punkt: Man hat es nicht so gern, wenn man sich an der Nase herumgeführt fühlt. Sowohl der deutsche Verteidigungsminister wie der deutsche Bundeskanzler waren im Wort. Im Grunde stand die *Partei* vor der *Frage*, ob sie ihrem puristischen Weg folgen und dabei die *Regierung verlieren würde* oder ob sie *einen Teil ihres Selbst verlieren würde, indem sie die Regierung bewahrt*. Das war die Diskussion während des Jahres 1982. Helmut Schmidt, der keinen Blankoscheck ausgeschrieben hatte, sondern sich das mögliche Nein - so unwahrscheinlich es war - als Verhandlungsdruck erhalten hatte, wurde durch Kohl ersetzt, der nun den Amerikanern im Frühjahr 1983 den Blankoscheck gab und sagte, wenn die Verhandlungen nicht zum Ergebnis führen, wir stationieren jedenfalls. Damit hat Kohl deutschen Verhandlungsdruck weggenommen. Ohne die Zustimmung der Deutschen konnte man ja nicht die Stationierung machen. Die Gefährdung der Deutschen hat durch die Stationierung zugenommen. Das ist ihnen aber gar nicht ins Bewußtsein gedrungen, denn die Geschichte wurde durch Gorbatschow aufgelöst, dessen Vorschlag einer Null-Lösung, auf die Sozialdemokraten hingewirkt haben. Der erste, der die Null-Lösung ins Gespräch gebracht hat, damals noch verlacht, sogar vom deutschen Kanzler Schmidt, war Brandt, als er zurückkam aus Moskau und sagte, ich kann mir auch Null vorstellen als Ergebnis der Verhandlungen.

Gerster: Sie sagten, Ende 1982 stand die Partei vor der Wahl, entweder ein

Stück ihrer Identität zu verlieren oder die Regierung. *Hat sich 1983* durch den Verlauf der innerparteilichen Debatte und durch die Art der Entscheidung auf dem Kölner Bundesparteitag *auch die Identität der Partei verändert?*

Bahr: Ja.

Gerster: In welche Richtung?

Bahr: Nach dem Verlust der Macht war es einfacher, *puristischer* zu sein. Und sowohl Schmidt wie Apel, der keine große Rolle mehr spielte, haben im Grunde resigniert oder jedenfalls nicht mehr gekämpft.

Gerster: Waren die sozialdemokratischen Aktivitäten der achtziger Jahre so etwas wie die Fortsetzung der Ostpolitik auf militärischem Gebiet?

Bahr: Das sehe ich anders. Ich kann nicht mehr genau sagen, ob die Idee zu den Arbeitsgruppen auf der Ebene von Bundestagsfraktion und kommunistischen Parteien von Brandt oder von Vogel gekommen ist, jedenfalls von einem von den beiden; gedeckt von beiden. Die Absicht war eine doppelte.
Erstens: Wir wollten in der Opposition ein Stück operativer Politik versuchen mit dem Ziel, die Bundesregierung an ihre Zusage, die wir bezweifelt haben, zu binden, die von ihr bis dahin scharf attackierte Ost- und Entspannungspolitik fortzusetzen. Das hat auch funktioniert. Der damals von Herrn Rühe erhobene Vorwurf der Nebenaußenpolitik war so völlig falsch nicht. Wir wollten mit dem Thema der Chemiewaffenfreiheit Druck ausüben, haben ihn auch ausgeübt, mit dem atomwaffenfreien Korridor sowieso, da fühlte ich mich auch persönlich verpflichtet. Die Idee des atomwaffenfreien Korridores in der Palme-Kommission kam von Cyrus Vance, dem vorherigen amerikanischen Außenminister, wurde von David Owen unterstützt, und ich hatte das mit unterschrieben. Daß das schrecklich an-

gefeindet worden ist, hat mich nicht gestört und heute schon gar nicht, nachdem ich feststellen kann, daß die Idee des atomwaffenfreien Korridors gut war in dem Augenblick, in dem Kohl und Gorbatschow sie vereinbart haben: Es gibt keine Atomwaffen, es kommen auch keine Atomwaffen auf den Boden der früheren DDR. *Wir haben den atomwaffenfreien Korridor vom Nordkap bis zum Schwarzen Meer.* Wir haben immer noch Atomwaffen auf dem Boden der alten Bundesrepublik. Das muß noch korrigiert werden.
Die andere Seite dieser Parteikontakte war, daß die sozialdemokratische Einwirkung auf kommunistische Parteien ein unentbehrlicher Faktor gewesen ist zur Veränderung des politischen Denkens in Osteuropa. Die *Geschichte der Einwirkung sozialdemokratischen Denkens auf Moskau* ist als Arbeit noch gar nicht geschrieben. Brandt brachte Gorbatschow - in russisch übersetzt - den Entwurf eines sozialdemokratischen Grundsatzprogramms mit. Dieser schaute drauf und sagte, das sind alles meine Themen, als er die Überschriften las. Wie kam eigentlich Gorbatschow dazu zu sagen, ich bin Sozialdemokrat, oder dazu, ein paar Jahre früher zu sagen, wir brauchen Demokratie wie die Luft zum Atmen. Damals habe ich Willy Brandt gesagt, nun ist die Auseinandersetzung zwischen Kommunisten und Sozialdemokraten geschichtlich entschieden, wenn der Papst der Kommunisten sagt, wir brauchen Demokratie wie die Luft zum Atmen. Und er hatte den Finger auf die Lippen gelegt und gesagt: Psst, nicht so laut sagen, wir wollen es ihm nicht noch schwerer machen, als er es ohnehin hat. Sozialdemokratisches Denken hat den Osten, insbesondere Moskau, aber auch Ostberlin, mehr beeinflußt als die je zugegeben haben und als wir je sagen durften. Diese Bemühungen hatten ihren geschichtlichen Sinn. Ich sage nicht, daß deshalb die Sowjetunion zusammengebrochen ist, sicher nicht, aber ohne dies wäre sie auch nicht zusammengebrochen.

Gerster: Was würden Sie an dem 1987 zwischen SPD und SED ausgehandelten *Papier über den Streit der Ideologien und die gemeinsame Sicherheit* ändern, wenn es noch einmal zur Verabschiedung anstünde?

Bahr: Ich würde nichts ändern, aber *ich würde es heute nicht mehr schreiben*, weil ich weiß, wie die Geschichte gegangen ist. Aber damals, ohne zu wissen, wie die Geschichte geht, haben wir es so geschrieben, wie wir es geschrieben haben. Glauben Sie denn, daß der Helmut Kohl 1987 dem Honecker einen Teppich ausgerollt hätte, wenn er gewußt hätte, drei Jahre später haben wir die deutsche Einheit? Wir können doch nur bestimmte historische Fakten im Umkreis der jeweiligen historischen Gegebenheiten beurteilen, und da ist für mich ohne jede Einschränkung dieses Papier richtig gewesen.

Es hat übrigens seinen Zweck erfüllt: Es war für mich ein bewegendes Erlebnis, als im Herbst 1989, zwei Jahre später, der erste Mensch aus der DDR in mein Büro kam und sagte, ich bin Sozialdemokrat. Das war Steffen Reiche, der heutige Vorsitzende der SPD in Brandenburg. Wir haben uns zuerst gesiezt, er war ein bißchen befangen, und dann haben wir uns hingesetzt und einer der ersten Punkte, die er angebracht hat, war: Kann ich dieses Streitpapier bekommen, das brauchen wir. Wir hatten es gar nicht mehr. Wir haben es dann 1989 über Nacht nachdrucken lassen, um ihm 5.000 Stück in den Kofferraum zu tun. Das ist für mich die Bestätigung dafür, daß dieses Papier noch 1989 von Sozialdemokraten in der DDR als etwas Nützliches gesehen wurde, worauf sie sich berufen konnten.

Gerster: Herr Bahr, programmatische Aussagen der SPD unmittelbar vor der Herstellung der deutschen Einheit lassen ein Interesse am Fortbestand beider Militärbündnisse in West und Ost erkennen. Wie erklären Sie sich diese Überschätzung der *Überlebenschancen für den Warschauer Pakt* rückblickend?

Bahr: Dafür gibt es mehrere Gründe. Der erste ist, Warschauer Vertrag und NATO bildeten die beiden Säulen der sicherheitspolitischen Stabilität in Europa. Wir hatten weder Erfahrung noch genügend Phantasie, um uns vorzustellen, der Warschauer Vertrag würde kaputtgehen. *Wir hatten* auch *nicht genügend Phantasie*, um zu sehen, daß die *Sowjetunion den Eintritt des vereinten Deutschlands in die NATO* akzeptieren würde. Schließlich waren Gorbatschow, Schewadnadse, Falin, alle der Auffassung gewesen, Deutschland in der NATO ist für uns unakzeptabel. Wir haben also nicht gesehen, daß die NATO eine Art von Garantiefaktor zur Kontrolle über Deutschland für unsere östlichen Nachbarn werden würde, was sie bis heute ist. Mit anderen Worten, die physische Präsenz der Amerikaner in Deutschland ist ausreichende Garantie, ungeschrieben aber wirksam, daß Deutschland nicht noch einmal verrückt spielen kann. Ich glaube, das war der entscheidende Faktor.

Gerster: Botschafter a.D. Hans Arnold behauptet mit Blick auf NATO und Europäische Union, älter als etwa vierzig Jahre könnten internationale Vertragssysteme in der modernen Staatenwelt nicht werden. Teilen Sie diese Auffassung im Prinzip?

Bahr: Nein, ich halte es nicht für sinnvoll, irgendeinen Zeitraum zu fixieren für Leben oder Überleben eines Bündnissystems. Ich kann nur sagen, daß nach aller Erfahrung in den allermeisten Fällen ein Bündnis zerfällt, wenn es seinen geschichtlichen Auftrag erfüllt hat. Insofern kann man sagen, daß die NATO ihren geschichtlichen Auftrag, nämlich Abschreckung, erfüllt hat. Sie hat für ihre Mitglieder den Freiraum ohne Krieg bewahrt - eine tolle Angelegenheit. Was ist jetzt die Aufgabe der NATO? Man kann sagen, zunächst einmal die Bewahrung eines Organismus, der in sich stabil ist und damit der einzige Faktor mindestens für Europa, sogar darüber hinaus, der Stabilität ausstrahlt und bewirkt.
Zweitens: Das ist eine tolle Sache, daß die ehemaligen Gegner in das Bündnis rein wollen. Das ist ja ein Kompliment. Ich kann das sogar verstehen, denn die Erfahrung hat gezeigt, wer Mitglied der NATO ist, ist sicher. Also wollen möglichst viele genau so sicher werden.
Drittens: die NATO war weise und schnell genug, den Kooperationsrat zu gründen, in dem die ehemaligen Gegner mit am Tisch sitzen. Nur hat die-

ser zwei Mängel. Der erste Fehler ist, es fehlen naturgemäß an diesem Tisch diejenigen, die nicht bündnisgebunden oder neutral waren. Die wollen aber in der Zwischenzeit auch zum Teil in die NATO. Und der zweite Fehler ist, wenn dies wirklich ein Kooperationsrat sein soll, damit es dort nicht nur nette Unterhaltungen gibt auf hoher Ebene, sondern Vereinbarungen zur Zusammenarbeit, dann verlangen diese Vereinbarungen eine vertragliche, verbindliche, kontrollierbare Form. Wenn die Kooperation zwischen Ost und West im Interesse der gesamteuropäischen Sicherheit funktionieren soll, muß ich an die Stelle von Deklamationen oder feierlichen Akten Verträge setzen. Hier gilt das gleiche wie für die KSZE. Von mir aus kann der Kooperationsrat weiterentwickelt werden zu einem Instrumentarium, von mir aus kann die KSZE, was ich vorziehen würde, weiterentwickelt werden, und die NATO kann genau so, wie sie auf Anforderung der Vereinten Nationen tätig wird, auf Anforderung der KSZE tätig werden. Aber *es ist heute noch nicht so, daß die NATO überflüssig geworden wäre und ich meine Sicherheit der UNO oder KSZE anvertrauen könnte.* Bevor Mitte 1996 die neuen Präsidentschaftswahlen in Rußland stattfinden, sollte die Grundstruktur der gesamteuropäischen Sicherheit entschieden sein.

Gerster: Wann wird Ihre alte Forderung verwirklicht werden, Atomwaffen aus jenen Staaten abzuziehen, die nicht über sie verfügen? Wann wird Deutschland atomwaffenfrei werden?

Bahr: Ich hoffe, bis zum Jahr 2000. Ich kann den Charakter der Atomwaffen nicht ändern. Sie sind als eine Waffe besonderer Schrecklichkeit mit soviel Konsequenzen verbunden, daß die Besitzer der Atomwaffen die Entscheidung über den Einsatz dieser Waffe nie mit irgend jemandem, einem anderen Staat, auch dem besten Freund, teilen werden, weil man den Einsatz über eine Waffe, die über die eigene Existenz entscheiden kann, mit keinem anderen teilt. Das wird gelten, solange es Atomwaffen gibt. Alle Konsultationen sind weiße Salbe. Wenn die Atommächte glauben, sie müßten diese Waffen behalten, was ich verstehen kann, gegen Erpressung durch Verrückte, die sich solche Waffen anschaffen, dann sollen sie das machen auf ihrem eigenen Boden oder auf See. Aber sie sollen nicht nichtatomare Staaten zu Geiseln nehmen. Wir haben noch rund 700 Bomben, die man an Flugzeuge hängt. Es wäre richtig, auch diese zu beseitigen, jedenfalls aus Deutschland herauszuziehen. Es kommt noch ein anderes Moment seit der deutschen Einheit hinzu: die ungleiche Sicherheit. Entweder ist Westdeutschland sicherer, weil wir hier Atomwaffen haben, oder Ostdeutschland ist sicherer, weil wir dort keine haben. Wir sollten die deutsche Einheit auf dem Gebiete der Sicherheit ohne Bruch und ohne diese Art von Teilung vollenden.

Gerster: Herr Bahr, was empfinden Sie bei der Frage von Botho Strauß, "Ob unsere Gewaltlosigkeit den Krieg nicht bloß auf unsere Kinder verschleppt"? Wie konkret sind die Utopien der Friedensbewegung?

Bahr: Ich habe während dieser großen Debatte über die Nachrüstung einmal gesagt, wenn es die Friedensbewegung nicht gäbe, müßte man sie erfinden. Und zwar deshalb, weil ich glaube, erlebt zu haben, daß der Druck von unten auf Regierungen heilsam und nötig ist. Regierungen dürfen nicht glauben, eine Art von Raketenglasperlenspiel machen zu können. Das wäre zu gefährlich. Der andere Punkt ist, daß die Menschen sich nicht ändern. Die Menschen haben sich nicht verändert, als ob es Jesus Christus nicht gegeben hätte. Nachdem dieser gigantische, hinreißende Versuch des Kommunismus gescheitert ist, den Menschen umbauen zu wollen, scheitern mußte in seiner Arroganz, wird uns das auch nicht gelingen. Die Stärke der Demokratie besteht darin, den Menschen auch in seinen Schwächen zu sehen und gar nicht ändern zu wollen. Der Mensch ist gut und schlecht. Es gibt, obwohl wir vorzügliche Gesetze haben, Menschen, die sie mißachten. Dafür haben wir eine Polizei. Ich finde es unakzeptabel, daß Botho Strauß die Polizei im Grunde zu einem Drohinstrument degradiert. Es kann doch gar kein anderes Ziel sozialdemokratischer Außen- und Sicherheitspolitik geben als das, woran wir uns innerstaatlich gewöhnt haben, international zu etablieren, eine Ordnung und ein Recht zu schaffen, in denen die einzelnen Staaten, ob groß oder klein, gleiche Sicherheit haben. Dazu ist es - genau wie in einem Staat - innerhalb der Völkerfamilie notwendig, Vorkehrungen zu treffen gegen solche, die das Recht brechen. Das ist auch Drohung, aber es ist mehr die Versicherung, daß die Stärke des Rechts an die Stelle des Rechts des Stärkeren gesetzt wird, das international leider noch immer gilt.

13. Anstelle eines Nachworts:

Verteidigung - ein Verliererthema?

Helmut Schmidt war im Gespräch für dieses Buch weit entfernt von der Attitüde entrückter Altersweisheit. Im Gegenteil: er pflegte seine Feindschaften - gegen die moralisierenden 68er "Jungakademiker" - und seine Vorlieben, wie die für "französische Führung" in Europa. Man sollte sich von der prinzipiellen Absage an pazifistische Strömungen und der Rechtfertigung des NATO-Doppelbeschlusses nicht zu Fehlurteilen verleiten lassen: Schmidts lebenslange Skepsis gegenüber der atomaren Abschreckung und der amerikanischen Dominanz in der westlichen Sicherheitspolitik ließ ihn zu keiner Zeit und für niemanden ein bequemer Partner sein.

Auch der bedeutende Verteidigungsminister hat sich zunächst geweigert, dieses Ressort zu übernehmen. Das Prestige der politischen Verantwortung für die Bundeswehr war und ist bescheiden. Schmidt haben die Jahre auf der Hardthöhe jedoch nicht geschadet, der Sozialdemokratie haben sie genutzt: wer hätte gleichermaßen überzeugend Reformwillen und sicherheitspolitische Kompetenz verkörpern können?

Egon Bahr läßt starke Sympathie für die Friedensbewegung erkennen, ohne je Pazifist gewesen zu sein. Wo sich Deutschland- und Sicherheitspolitik berühren, wird sein Kernmotiv sichtbar: schrittweise die Souveränität des geteilten Deutschland entwickeln, seinen Status als Objekt der internationalen Politik überwinden.

Rückblickend auf Doppelbeschluß und Regierungsverlust zeigt Bahr Distanz zu "puristischen" Strömungen friedensbewegter Sozialdemokraten. Die Überwindung der Blockkonfrontation und damit das Ziel, NATO und Warschauer Pakt als Stabilisatoren zu benutzen und längerfristig abzuschaffen, hat ihn auch noch zu einem Zeitpunkt bewegt, als der Supermacht Sowjetunion das Sterbeglöcklein bereits läutete. Untrennbar bleibt Egon Bahrs Name mit der größten Leistung sozialdemokratisch geführter Außen- und Sicherheitspolitik verbunden: der Aussöhnung und Entspannung mit dem Osten.

Auf dem Bundesparteitag in Halle im Juni 1994 wurde die "Wiesbadener Linie" im außen- und sicherheitspolitischen Kapitel des Programms zur Bundestagswahl bestätigt. Die Antragskommission spitzte den Entwurf durch die Ergänzung (sprachlich) zu, daß die SPD eine Beteiligung der Bundeswehr an Kriegen ablehne, "unabhängig davon, ob solche Kriege unter dem Dach der UN, der NATO oder der WEU stattfinden". Die Aussagen zur Äußeren Sicherheit stehen nicht ohne Grund am Ende des Wahlprogramms: Diese Thematik will die deutsche Sozialdemokratie im Wahljahr 1994 nicht besetzen, sondern tiefer hängen.
Rechtzeitig zur Sommerpause vor dem Bundestagswahlkampf hat das *Bundesverfassungsgericht am 12. Juli 1994* entschieden, daß die Bundesrepublik Deutschland sich mit Streitkräften an einem Einsatz zur Umsetzung von Beschlüssen des Sicherheitsrats der Vereinten Nationen beteiligen darf. Zur Genugtuung des ansonsten unterlegenen Antragstellers SPD verpflichtet das Urteil die Bundesregierung, für einen bewaffneten Einsatz die vorherige konstitutive Zustimmung des Bundestages einzuholen. Damit hat das Gericht die Auffassung der Unionsparteien zurückgewiesen, daß die Bundesregierung internationale Einsätze der Bundeswehr in eigener Verantwortung anordnen könne.
In der Sondersitzung des Deutschen Bundestages vom 22. Juli 1994 betonte Parteivorsitzender Rudolf Scharping, daß es "keine verfassungsrechtlichen Schranken gegen eine Beteiligung der Bundeswehr im Rahmen von Aktivitäten der Vereinten Nationen gibt, auch dann nicht, wenn sie in deren Auftrag von der NATO, der WEU oder anderen durchgeführt werden". Damit beendete er einen vorübergehenden Auslegungsstreit in den eigenen Reihen, ob das Bundesverfassungsgerichtsurteil die deutsche Beteiligung nur an Einsätzen in der operativen Gesamtverantwortung der Weltorganisation legitimiere. Den außenpolitischen Optionen der Union für eine Beteiligung der Bundeswehr an Einsätzen - etwa der WEU - ohne Auftrag der Vereinten Nationen entzog das Bundesverfassungsgericht jedoch eindeutig den Boden.
Scharping erklärte die Zustimmung der SPD zum Einsatz der Bundeswehr

in der Adria und zur Beteiligung an der Überwachung von Schutzzonen und der Durchsetzung des Flugverbots über Bosnien-Herzegowina. Der Parteivorsitzende vermied es, die Zustimmung zu weiterreichenden militärischen Zwangsmaßnahmen kategorisch auszuschließen. Ins Positive gewendet, beschrieb er die notwendige Weiterentwicklung der Vereinten Nationen und ließ die Bereitschaft erkennen, das Spektrum militärischer Einsätze im Rahmen einer solchen Entwicklung zu erweitern.

Auch im *politischen Wettbewerb* gibt es zwei grundlegende Strategien erfolgsorientierten Verhaltens: *Erfolge suchen und Mißerfolge meiden*. Diese beiden Verhaltensmuster sind nur scheinbar die zwei Seiten ein und derselben Medaille. Der Wahlkampf einer Partei und eines Kanzlerkandidaten wird wesentlich davon geprägt, auf welchen Feldern die Auseinandersetzung mit dem politischen Gegner gesucht wird.

Rudolf Scharping und die SPD haben sich 1994 dafür entschieden, die Auseinandersetzung mit der Bonner Koalition vor allem in der Wirtschafts- und Sozialpolitik zu suchen. In der Außen- und Sicherheitspolitik bewegt sich die SPD eher in der Defensive. Sicher gibt es dafür gute Gründe: eine hohe Grundübereinstimmung in den transatlantischen Beziehungen und in der Politik gegenüber West- und Osteuropa.

Dazu kommt aber die spezifisch *sozialdemokratische Schwierigkeit im Umgang mit Fragen der äußeren Sicherheit*. In diesem Windschatten operiert ein Außenminister, der mit symbolträchtigen, aber nutzlosen Blauhelmeinsätzen den deutschen Ständigen Sitz im Weltsicherheitsrat befördern will, und ein Verteidigungsminister, der durch Desinteresse am inneren Gefüge der Streitkräfte und durch verspätetes, taktisches Handeln die Akzeptanz des Wehrdienstes endgültig zerstört. Daß sich der höchste Soldat der Bundeswehr, General Naumann, primär als Sicherheitspolitiker versteht, macht die Misere perfekt. Ist die Bundeswehr ein Randphänomen geworden, das den problemorientierten politischen Streit nicht mehr lohnt?

Die leidenschaftlichen Auseinandersetzungen um Wiederbewaffnung und Nachrüstung in den Nachkriegsjahrzehnten waren weniger schädlich für den Verfassungsauftrag der Landesverteidigung als die derzeitige Erosion durch Vernachlässigung. Es ist ein geringer Trost, daß an dieser Erosion alle politischen Kräfte beteiligt sind, und die von den Sozialdemokraten geforderte Strukturreform der Bundeswehr das Planungschaos durch rechtzeitige Anpassung an die veränderten Rahmenbedingungen hätte verhindern können. Gibt es keine Alternative? Bei allen Berührungsängsten mit dem Militärischen: In der konkreten politischen Verantwortung für die Streitkräfte sind Sozialdemokraten handwerklich solide, behutsam im Umgang mit der Inneren Führung und außen- und sicherheitspolitisch weitsichtig.

Bonn, im August 1994

14. Ausgewählte Dokumente

Erklärung der SPD-Reichstagsfraktion vom 4.8.1914

Handbuch für sozialdemokratische Wähler (1920): Die Reichswehr (Auszug)

Parteitag 1929 in Magdeburg: Richtlinien zur Wehrpolitik

Parteitag 1952 in Dortmund: Aktionsprogramm der SPD (Auszug)

Deutschlandplan der SPD vom 18. 3. 1959 (Auszug)

Grundsatzprogramm der SPD 1959 (Auszug)

Herbert Wehner am 30.6.1960 im Deutschen Bundestag (Auszug)

Willy Brandt: Regierungserklärung 1969 (Auszug)

Grundsatzprogramm der SPD 1989 (Auszug)

Parteitag 1993 in Wiesbaden: Perspektiven einer neuen Außen- und Sicherheitspolitik (Auszug)

Florian Gerster: Die Strukturkrise der Bundeswehr (FR 6.4.1994)

Parteitag 1994 in Halle: Wahlprogramm der SPD (Auszug)

Urteil des Bundesverfassungsgerichts vom 12. Juli 1994 (Verlautbarung)

Erklärung der Reichstagsfraktion vom 4.8.1914:

Wir stehen vor einer Schicksalsstunde. Die Folgen der imperialistischen Politik, durch die eine Aera des Wettrüstens herbeigeführt wurde und die Gegensätze unter den Völkern sich verschärften, sind wie eine Sturmflut über Europa hineingebrochen. Die Verantwortung hierfür fällt den Trägern dieser Politik zu; wir lehnen sie ab. Die Sozialdemokratie hat diese verhängnisvolle Entwicklung mit allen Kräften bekämpft, und noch bis in die letzten Stunden hinein hat sie durch machtvolle Kundgebungen in allen Ländern, namentlich in innigem Einvernehmen mit den französischen Brüdern für die Aufrechterhaltung des Friedens gewirkt. Ihre Anstrengungen sind vergeblich gewesen.

Jetzt stehen wir vor der ehernen Tatsache des Krieges. Uns drohen die Schrecknisse feindlicher Invasionen. *Nicht für oder gegen den Krieg haben wir heute zu entscheiden, sondern über die Fragen der für die Verteidigung des Landes erforderlichen Mittel.* Nun haben wir zu denken an die Millionen Volksgenossen, die ohne ihre Schuld in dieses Verhängnis hineingerissen sind. Sie werden von den Verheerungen des Krieges am schwersten getroffen. Unsere heißen Wünsche begleiten unsere zu den Fahnen gerufenen Brüder ohne Unterschied der Partei. Wir denken auch an die Mütter, die ihre Söhne hergeben müssen, an die Frauen und Kinder, die ihres Ernährers beraubt sind, und denen zu der Angst um ihre Lieben die Schrekken des Hungers drohen. Zu diesen werden sich bald Zehntausende verwundeter und verstümmelter Kämpfer gesellen. Ihnen allen beizustehen, ihr Schicksal zu erleichtern, diese unermeßliche Not zu lindern, erachten wir als eine zwingende Pflicht.

Für unser Volk und seine freiheitliche Zukunft steht bei einem Sieg des *russischen Despotismus,* der sich mit dem Blute der Besten des eigenen Volkes befleckt hat, viel, wenn nicht alles auf dem Spiel. Es gilt, diese Gefahr abzuwehren, die Kultur und die Unabhängigkeit unseres eigenen Landes sicherzustellen. Da machen wir wahr, was wir immer betont haben: *Wir lassen in der Stunde der Gefahr das eigene Vaterland nicht im Stich. Wir fühlen uns dabei im Einklang mit der Internationale, die das Recht jedes Volkes auf nationale Selbständigkeit und Selbstverteidigung jederzeit anerkannt hat, wie wir auch in Übereinstimmung mit ihr jeden Eroberungskrieg verurteilen.* Wir fordern, daß dem Kriege, sobald das Ziel der Sicherung erreicht ist und die Gegner zum Frieden geneigt sind, ein Ende gemacht wird durch einen Frieden, der die Freundschaft mit den Nachbarvölkern ermöglicht. Wir fordern dies nicht nur im Interesse der von uns stets verfochtenen internationalen Solidarität, sondern auch im Interesse des deutschen Volkes. Wir hoffen, daß die grausame Schule der Kriegsleiden in neuen Millionen den Abscheu vor dem Kriege wecken und sie für das Ideal des Sozialismus und des Völkerfriedens gewinnen wird.

Von diesen Grundsätzen geleitet, bewilligen wir die geforderten Kriegskredite.

Aus 'Handbuch für sozialdemokratische Wähler' 1920

Die Reichswehr (Auszug)

Solange Deutschland unter dem Diktat der Sieger steht, ist die Existenz eines unserem Ideal in keiner Weise entsprechenden Söldnerheeres eine Zwangsnotwendigkeit, an der keine Regierung und kein Parlament etwas ändern können, mögen sie zusammengesetzt sein, wie sie wollen. Die Aufgabe der praktischen Gesetzgebung kann nur sein, für das Söldnerheer eine Form zu finden, durch die es dem Wesen und den Zwecken der Demokratie, soweit dies möglich ist, angepaßt wird.

Dabei muß unumwunden ausgesprochen werden, daß die jetzige Reichswehr von diesem Ziel sehr weit entfernt ist. Der Kapp-Lüttwitz-Putsch hat deutlich erwiesen, daß die Reichswehr, so wie sie am 13. März 1920 zusammengesetzt war, nur allzuleicht ein willfähriges Werkzeug in der Hand gegenrevolutionärer Offiziere wurde.

Wir wollen hier aber weder leugnen noch beschönigen, daß auch von der Regierung Fehler begangen worden sind. Namentlich bei der Auswahl der Offiziere war man allzu vertrauensselig. Noske und viele andere glaubten an die Ehrlichkeit und Anständigkeit der Offiziere, die erklärt hatten, sich "auf den Boden der neuen Tatsachen" zu stellen und unbeschadet ihrer inneren Gesinnung der Republik nach besten Kräften ehrlich dienen zu wollen. Freilich gab es auch gerade in der Sozialdemokratischen Partei Stimmen, die öffentlich vor der *Gefahr eines reaktionären Offizierkorps* warnten. Zur Entschuldigung derer, die auf die Warnungen aus Parteikreisen nicht genügend gehört haben, muß aber gesagt werden, daß es für einen anständigen Menschen wirklich schwer gewesen sein mag, an ein solches Maß von Verräterei und Niedertracht von anderen zu glauben, wie der Lüttwitz-Putsch bei einem Teil der Reichswehroffiziere enthüllen sollte.

Nichtsdestoweniger muß dieser Reinigungsprozeß mit aller Energie und Entschlossenheit durchgeführt werden. *Die Republik wird die Gefahren weniger Unruhen nur dann bannen können, wenn sie sich auf eine Wehrmacht stützt, die ihr nicht nur für den Moment aus äußeren Zweckmäßigkeitsgründen, sondern für die Dauer aus innerer Überzeugung treu ist.* Von wesentlicher Bedeutung ist dabei die Führung in den oberen, mittleren und unteren Stellen. Ein Offizierskorps, das im Herzen monarchistisch gesonnen ist und der Republik nur unter inneren Vorbehalten den Treueid leistet, wird immer eine Gefahr für die Volksfreiheit sein und sich in Momenten der Entscheidung mindestens als unzuverlässig und schwankend erweisen. Man kann diese Gefahr auch nicht bannen auf dem oft empfohlenen Wege der "Entpolitisierung" der Reichswehr. *Ein "gänzlich unpolitisches" Offizierkorps ist ein schöner Traum in politisch aufgeregten Zeiten wie den jetzigen, wo fast jeder denkende Mensch leidenschaftlicher Parteigänger ist.* Das unpolitische Offizierkorps wäre nichts anderes als das Offizierkorps der alten wilhelminischen Armee, das ja angeblich auch vollkommen unpolitisch, in Wirklichkeit als Gesamtheit in seinem Denken reaktionärer war als sonst irgendeine Bevölkerungsschicht. Das Ziel wird auch nicht erreicht durch Verbot aller Verbände und Vereinigungen in der Armee. *Solange das Offizierkorps einheitlich reaktionär ist, wird dann eben der Heeresorganismus selber die gegenrevolutionäre Organisation.* Praktisch hat bisher die Bekämpfung der Verbände in der Reichswehr nur dazu geführt, daß unter dem Vorwand der "Entpolitisierung" alle demokratischen und republikanischen Organisationen von den reaktionären Offizieren aus der Reichswehr herausgedrängt wurden, während die gegenrevolutionären Verbände unter der Maske "nationaler" Vereinigungen nur um so üppiger ins Kraut geschossen sind.

Es bleibt daher bis zur Erringung einer republikanisch absolut sicheren Reichswehr kein anderer Weg übrig als die *Entfernung aller reaktionären und gegenrevolutionären Elemente* namentlich aus den Führerstellen und ihre Ersetzung durch Männer, die sich in Treue zur Republik bewährt haben und deren republikanische Zuverlässigkeit einwandfrei erscheint. Truppenteile, die gemeutert haben, sind restlos aufzulösen, und zu ihrem Ersatz sind neue Formationen aufzustellen, die sich möglichst aus der organisierten Arbeiterschaft rekrutieren.

Der größte Wert aber ist zu legen auf die geistige Erziehung der Mannschaften. Auf diesem Gebiet sind bisher große Versäumnisse begangen worden. Während von Staats wegen für die Aufklärung der Mannschaften so gut wie gar nichts geschah, waren sie einer wilden gegenrevolutionären Propaganda ausgeliefert, die mit unbegrenzten Mitteln arbeitend und von reaktionären Offizieren gefördert unaufhörlich die Mannschaften gegen die Republik aufhetzte.

Dieser Verhetzung der Mannschaften muß ein Ende bereitet werden. *Eine umfassende staatsbürgerliche Belehrung der Mannschaften über das Wesen der jetzigen Staatsform, über Rechte und Pflichten der Soldaten im Staat, über die Verfassung und ihre Bedeutung usw. usw. hat durch Wort und Schrift einzusetzen.* Eine im Sinne der republikanisch-demokratischen Staatsauffassung redigierte *periodische Soldatenzeitung* ist kostenlos allen Heeresangehörigen zuzustellen. Vorträge durch Referenten, die der Zivilkommissar bestellt, haben zahlreich stattzufinden, und zwar innerhalb der Dienstzeit.

Über die staatsbürgerliche Belehrung hinaus ist das gesamte geistige Leben der Berufssoldaten durch geeignete Veranstaltungen, durch künstlerische Vorträge, Leseräume, Bibliotheken innerhalb der Kaserne, durch berufliche Ausbildung in nützlichen Gewerben, Fortbildungskurse usw. usw. dauernd anzuregen. Nur so kommen wir bei der uns aufgezwungenen zwölfjährigen Dienstverpflichtung um die Gefahr eines geistig verrohenden Söldnertums herum. Dem Volksgenossen, der den Waffendienst übernimmt, soll damit nicht zwölfjährige Knechtschaft in jenem öden und geisttötenden Kasernendrill angesonnen werden, der unter dem alten System dem Soldaten das Leben oft zur Hölle machte. *Der Beruf des Soldaten soll in der freien Republik gleichgestellt jedem anderen sein, er soll seinem Träger keine Einbuße an Menschenwürde und geistigen Entwicklungsmöglichkeiten auferlegen.*

Selbstverständlich muß der Soldat auch anständig entlohnt und verpflegt werden. Aber niemals darf jene Söldnergesinnung Grundstimmung des Heeres werden, an die ein Lüttwitz appellierte, indem er für den Verrat eine Tageszulage von zwei Mark verhieß. Es hieße aber umgekehrt selbst den Soldaten der Versuchung aussetzen, wenn man ihm nicht ein Auskommen bewilligen wollte, daß ihm und seiner Familie - der Berufssoldat muß heiraten können - eine anständige Existenz sichert.

Das volle Ideal des Volksheeres wird freilich unerfüllt bleiben, solange uns der Frieden von Versailles das Söldnertum aufzwingt. Aber eins läßt sich doch erreichen, wenn das vorstehende Programm wirklich durchgeführt wird: eine Wehrmacht, die keine Bedrohung, sondern eine wirkliche Stütze der Demokratie, dabei gut diszipliniert, leistungsfähig und von demokratischem Bürgergeist erfüllt ist. Eine solche Truppe wird sich auch rasch das Vertrauen der Bevölkerung erwerben. Muß sie einmal gegen wirkliche Unruhestifter einschreiten, so wird sie dies in einer Art tun, die Verständnis und Billigung aller anständigen Menschen findet. Durch Zügellosigkeit, Blutdurst und Übergriffe wird keine Verbitterung mehr gesät werden. Die Gegenrevolution von rechts wird angesichts dieser Truppe ihr Spiel verloren geben müssen, ihre demokratische Grundgesinnung wird auch nicht zulassen, daß von links her der Mehrheitswille des Volkes vergewaltigt wird.

Eine treurepublikanisch gesinnte Wehrmacht wird die beste Sicherung unseres inneren Friedens, der beste Schutz gegen gewaltsame Eingriffe in unser Verfassungsleben und damit eine Hauptstütze des ungestörten Wiederaufstiegs Deutschlands sein.

Richtlinien zur Wehrpolitik

(Parteitag 1929 in Magdeburg)

I. Die Sozialdemokratische Partei Deutschlands verwirft den Krieg als Mittel der Politik. Sie fordert friedliche Lösung aller internationalen Konflikte durch obligatorische Schiedsgerichte, Demokratisierung des Völkerbundes und seine Ausgestaltung zu einem wirksamen Instrument des Friedens.
Sie ist entschlossen, gemäß den Beschlüssen des Brüsseler Kongresses der Sozialistischen Arbeiter-Internationale vom August 1928 den stärksten Druck, selbst mit revolutionären Mitteln, gegen jede Regierung auszuüben, die es ablehnt, sich einem Schiedsspruch zu unterwerfen und zum Kriege schreitet.

II. Als Mitglied der Sozialistischen Arbeiter-Internationale kämpft die Sozialdemokratische Partei Deutschlands für *vollständige Abrüstung durch internationale Abkommen.*
Die Abrüstung wird nur dann dem Frieden dienen, wenn sie nicht eine einseitige Verpflichtung ist, wie sie den Besiegten des Weltkrieges durch die Sieger auferlegt wurde. Nur zwischen gleichberechtigten Nationen ist dauernder Friede zu erreichen.
Der deutschen Republik ist die historische Mission zugefallen, Vorkämpferin der internationalen Abrüstung zu sein. Diese Mission kann sie nur dann erfüllen, wenn sie die ihr aufgezwungenen einseitigen Rüstungsbeschränkungen nicht überschreitet und nicht durch Versuche, sie zu umgehen oder zu verletzen, anderen Mächten Grund oder Vorwand zur Ablehnung internationaler Abrüstungsübereinkommen und zu noch stärkeren Rüstungen liefert.
Eine Verpflichtung der deutschen Republik, die ihr auferlegten Rüstungsbestimmungen ohne Rücksicht auf ihre politische und militärische Zweckmäßigkeit auszuschöpfen, erkennt die Sozialdemokratische Partei Deutschlands nicht an. Sie fordert den planmäßigen Abbau der militärischen Rüstungen Deutschlands aus eigenem Willen unter Berücksichtigung der poli-

tischen, wirtschaftlichen und finanziellen Verhältnisse.

III. *Der wirksamste Schutz der deutschen Republik beruht auf einer deutschen Außenpolitik, die auf die Verständigung der Völker und die Erhaltung des Friedens gerichtet ist.* Noch droht aber die Machtpolitik imperialistischer und faschistischer Staaten mit konterrevolutionären Interventionen und neuen Kriegen. Deutschland kann als Aufmarschgebiet mißbraucht und wider Willen in blutige Verwicklungen hineingerissen werden.
Solange diese Gefahren bestehen, braucht die deutsche Republik eine Wehrmacht zum Schutze ihrer Neutralität und der politischen, wirtschaftlichen und sozialen Errungenschaften der Arbeiterklasse.
Die Wehrmacht kann ihre Aufgabe nur erfüllen, wenn sie in ihrem Denken und Fühlen *mit dem Volke verbunden* ist und sich - im Gegensatz zu allen militärischen Tendenzen, die auf die Beherrschutzung des Staates durch das Militär hinauslaufen - als dienendes Glied in die demokratische Republik einordnet.
Um die Reichswehr in diesem Sinne umzugestalten, stellt die Sozialdemokratische Partei Deutschlands insbesondere folgende Forderungen:

1. Kontrolle des Reichstages über alle Angelegenheiten der Reichswehr und über alle Verträge und Abmachungen der Heeresverwaltung.
2. Keine Subventionen an Privatfirmen, die mittelbar oder unmittelbar illegalen Rüstungen dient.
3. Verbot der Bestrafung von Veröffentlichungen über illegale Rüstungen.
4. Gesetzliche Bestimmungen zur Sicherung einer unparteiischen Rekrutierung.
5. Beseitigung des Bildungsprivilegs für das Offizierkorps und gesetzliche Festlegung eines Mindestkontingents für den aus dem Mannschaftsstand zu entnehmenden Offiziersersatz.
6. Sicherung der staatsbürgerlichen Rechte der Soldaten.
7. Schutz der Rechte der Soldaten durch eine von ihnen gewählte Personalvertretung.

8. Demokratisierung des Disziplinarrechts und des Militärstrafrechts.
9. Republikanische Lehrkräfte und Lehrbücher beim Unterricht.
10. Verbot der Verwendung militärischer Kräfte bei Konflikten zwischen Kapital und Arbeit.

IV. Die Sozialdemokratische Partei Deutschlands bekämpft die immer stärker hervortretende Absicht führender Militärs aller Länder, völkerrechtliche Hemmungen der Kriegsführung, die in jahrtausendelanger Entwicklung Gemeingut geworden sind, gänzlich zu beseitigen und den Zukunftskrieg rücksichtslos über die Heeresfronten hinweg gegen die Zivilbevölkerung zu kehren.
Die Sozialdemokratische Partei Deutschlands brandmarkt diese barbarische Absicht und fordert die Neufestsetzung des Völkerrechts im Sinne der Humanität. Insbesondere fordert sie *Verbot des Gaskrieges und der Verwendung von Bakterien zur Kriegsführung.*

V. Die sozialistischen Forderungen können nur verwirklicht werden durch die gemeinsamen und energischen Bestrebungen der organisierten Arbeiter, durch die *unablässige Aufklärung der Arbeiter über die Ursachen und Gefahren der Rüstungen durch Erziehung und Unterricht im Geiste des Friedens, um auch die moralische Abrüstung vorzubereiten,* und durch den gesteigerten politischen und wirtschaftlichen Kampf des Proletariats gegen die herrschenden Klassen bis zur Verwirklichung des Sozialismus.
Das sozialistische Endziel bildet eine Gesellschaft ohne Ausbeutung und Unterdrückung, also ohne Klassen und ohne Klassenkämpfe, eine Gesellschaft ohne Streben nach Ausdehnung von Ausbeutungsgebieten, also ohne Rüstungen und ohne Kriege.
Der Sozialismus ist die Macht, die der Welt den dauernden Frieden bringen wird.

Aktionsprogramm der SPD, Dortmund 1952 (Auszug)

Außenpolitik

Die Einheit Deutschlands und der Friede

Das deutsche Volk hat besonders angesichts der Folgen des verheerenden Krieges die Aufgabe, gute Beziehungen zu anderen Völkern herzustellen und ein politisches Klima zu schaffen, in dem die staatliche Einheit Deutschlands in Freiheit verwirklicht werden kann. Die in der Welt herrschenden Spannungen müssen friedlich gelöst werden. Nur so kann die Gefahr eines dritten Weltkrieges gebannt werden. Eine Politik der internationalen Entspannung verbessert auch die Aussichten für eine friedliche Wiedervereinigung Deutschlands.

Die Bundesrepublik muß sich deshalb darum bemühen, die Aufspaltung der Welt in feindliche Blöcke, die einander in Waffen starrend gegenüberstehen, überwinden zu helfen. Die Spaltung Deutschlands ist die Folge der Gegensätze zwischen den Besatzungsmächten. Sie dürfen daher nicht von ihrer Verantwortung für die Beseitigung der Spaltung entbunden werden. Die Bundesregierung muß verhindern, daß die Spaltung Deutschlands ein Dauerzustand wird. Sie hat vor allem die Aufgabe, sich ständig für die engsten menschlichen, wirtschaftlichen und kulturellen Beziehungen zwischen der Bevölkerung in der sowjetisch besetzten Zone in der Bundesrepublik einzusetzen.

Die Wiederherstellung der Einheit Deutschlands in Frieden und Freiheit ist die dringendste politische Forderung des deutschen Volkes. Die Sozialdemokratische Partei Deutschlands wird jeden Schritt ihrer Politik in den Dienst dieser Forderung stellen. Sie wird sich unablässig darum bemühen, daß die Voraussetzungen für freie Wahlen in allen Besatzungszonen und in Berlin geschaffen werden. Denn nur durch freie gesamt-deutsche Wahlen läßt sich die Einheit Deutschlands verwirklichen. Die freie gesamt-deutsche Regierung, die auf Grund dieser Wahlen gebildet wird, muß als gleichberechtigter Partner an den Verhandlungen über einen deutschen Friedensvertrag teilnehmen.

Die Regelung der Gebiets- und Grenzfragen Deutschlands bleibt diesem Friedensvertrag vorbehalten. Keine Regierung von Teilen Deutschlands darf durch Abmachungen mit den Besatzungsmächten Entscheidungen über die Frage vorwegnehmen. Die Abtrennung von Gebieten, die 1937 zu Deutschland gehörten, hat nicht neues Recht, sondern neues Unrecht geschaffen. Die Sozialdemokratische Partei Deutschlands erkennt sie weder im Osten noch im Westen an.
Keine Bindung, die die Bundesrepublik beim Abschluß internationaler Verträge eingeht, darf die Wiedervereinigung Deutschlands zusätzlich erschweren. Vertragliche Verpflichtungen der Bundesrepublik müssen die Entscheidungsfreiheit einer zukünftigen deutschen Regierung ausdrücklich offenlassen.
Die Sozialdemokratische Partei Deutschlands wird die Parteien der Sozialistischen Internationale und die Völker der freien Welt unermüdlich daran erinnern, daß die Wiedervereinigung Deutschlands nicht nur eine Forderung der Deutschen ist, sondern ein Ziel jeder internationalen Politik sein muß, die den Frieden und die Freiheit Europas und der Welt erhalten und sichern will.

Internationale und europäische Zusammenarbeit

Getreu der völkerverbindenden Idee des Sozialismus setzt sich die Sozialdemokratische Partei Deutschlands für die politische, wirtschaftliche und kulturelle Zusammenarbeit der Völker und Staaten zur gemeinsamen Sicherung des Friedens ein. Diese Politik der Völkerverständigung ist heute um so notwendiger, als durch die Entwicklung der modernen Waffen, insbesondere der Atom- und Wasserstoffbombe, die Vernichtung großer Teile der Menschheit, ja der Zivilisation überhaupt droht. Die Sozialdemokratische Partei Deutschlands setzt sich für eine allgemeine, international kontrollierte Abrüstung ein, die die Menschheit vor einer Anwendung der Atomwaffen bewahrt.
Die Sozialdemokratische Partei Deutschlands bekennt sich zu den freiheitlichen Auffassungen der demokratischen Völker. Es gibt für sie kein Zu-

sammengehen mit dem sowjetischen Totalitarismus und seinen Hilfstruppen. Mit aller Schärfe bekämpft sie aber auch die Bemühungen, die Freiheitsfront durch Einbeziehung faschistischer Kräfte zu demoralisieren. Die Bundesrepublik muß sich darf einsetzen, daß der Westen die im sowjetischen Machtbereich lebenden Völker Mittel- und Osteuropas mit freundlichen Mitteln vor der völligen Isolierung vom normalen wirtschaftlichen und kulturellen Verkehr mit den übrigen Völkern Europas bewahrt.
Eine Politik der Entspannung der internationalen Gegensätze und der Anbahnung normaler diplomatischer und Handelsbeziehungen zu allen Staaten in Ost und West muß diesem Ziele dienen.
Die Sozialdemokratie wird alle Maßnahmen unterstützen, die geeignet sind, unterentwickelten Ländern zur Selbstbestimmung und zum sozialen Aufstieg zu verhelfen. Die westliche Welt wird der Ausdehnung des kommunistischen Machtbereichs nur begegnen können, wenn sie neben der Bereitschaft zur militärischen Sicherung ihrer Freiheit in gemeinsamer Anstrengung aller Völker eine wirtschaftliche und soziale Offensive führt, die den in Not und nationaler Unfreiheit zurückgebliebenen Teilen der Welt eine Hoffnung auf Freiheit und Wohlstand geben kann. Das Zeitalter des Kolonialismus ist endgültig vorbei.
Im Rahmen dieser internationalen Politik erstrebt die Sozialdemokratie eine demokratische Neugestaltung Europas als Gemeinschaft gleichberechtigter Völker. Ziel ihrer Europapolitik ist die Hebung des Lebensstandards der europäischen Völker und damit die stetige Besserung der wirtschaftlichen und sozialen Verhältnisse in Europa und die Schaffung eines zusammenhängenden Wirtschaftsgebietes mit Freizügigkeit für Menschen, Waren und Nachrichten. Eine gesamteuropäische Politik der Vollbeschäftigung und der Abbau von Zöllen und wirtschaftlichen Handelsschranken, auch währungspolitischer Art, sind dazu erforderlich. Die Sozialdemokratie kämpft für Gleichberechtigung aller Partner in den internationalen und übernationalen Gemeinschaften. Es darf keine Vorrechte von Besatzungsmächten oder Benachteiligungen der Bundesrepublik mehr geben. Diese Gemeinschaften dürfen nicht zur Abkapselung gegenüber anderen Staaten und damit zu ei-

ner weiteren Aufsplitterung führen, die die engere Zusammenarbeit Europas und der Welt stört. Die Sozialdemokratie setzt sich darum dafür ein, bestehende Gemeinschaften (z.B. die Europäische Gemeinschaft für Kohle und Stahl, den Europäischen Wirtschaftsrat, den Europarat) in vielfältige Beziehungen zueinander und zu Nicht-Mitgliedstaaten zu bringen. Soweit Souveränitätsrechte auf internationale Einrichtungen übertragen werden, sind diese einer echten parlamentarisch-demokratischen Kontrolle zu unterstellen. Über die Mitarbeit in den europäischen Institutionen hinaus erstrebt die Sozialdemokratische Partei Deutschlands ein Zusammenwirken der Bundesrepublik mit den Organisationen der Vereinten Nationen, so eng es deren Satzungen erlauben. Die Bundesrepublik muß ihrerseits versuchen, den Beistand der Vereinten Nationen zur Unterstützung lebenswichtiger deutscher Interessen zu erwirken. Die Bundesrepublik muß durch ihre Politik die Voraussetzungen für die Aufnahme Gesamtdeutschlands in die Vereinten Nationen schaffen.

Internationale und europäische Sicherheit

Die Sozialdemokratie fordert energische Anstrengungen der westlichen Welt, mit dem derzeitigen Machtbereich der Sowjets zu Verhandlungen über die Errichtung regionaler Sicherheitssysteme im Rahmen der Satzung der Vereinten Nationen zu kommen. In einem allumfassenden System kollektiver Sicherheit soll auch das wiedervereinigte Deutschland auf der Grundlage gleicher Rechte und gleicher Risiken seinen Beitrag zur Erhaltung des Friedens leisten. Deshalb fordert die Sozialdemokratie beharrliches Eintreten der Bundesrepublik für weitere Verhandlungen der Großmächte. Dabei müssen die europäische Sicherheit und die Wiedervereinigung Deutschlands als zusammengehörige Aufgabe behandelt werden. Die feste Eingliederung der durch die Besatzungsmächte getrennten Teile Deutschlands in westliche und östliche Bündnissysteme würde die Fortsetzung des Kalten Krieges unvermeidlich machen und die Bedrohung des Friedens vergrößern.

Die Sozialdemokratische Partei Deutschlands kennt die Gefahren, die von der sowjetischen Politik ausgehen. Für den Fall, daß wirksame Vereinbarungen zwischen östlicher und westlicher Welt nicht zu erzielen sind, die Gefahren für die Freiheit und den Frieden der Völker fortbestehen und die Einheit Deutschlands in einem umfassenden System kollektiver Sicherheit trotz aller Bemühungen nicht erreicht werden kann *erklärt sich die Sozialdemokratie bereit*, unter folgenden Bedingungen *an gemeinsamen Anstrengungen zur Sicherung des Friedens* und der *Verteidigung der Freiheit auch mit militärischen Maßnahmen teilzunehmen:*

1. daß die Bemühungen um die *Wiedervereinigung* Deutschlands unablässig fortgesetzt werden;
2. daß ein *europäisches Sicherheitssystem* im Rahmen der Vereinten Nationen angestrebt wird;
3. daß *Verträge,* durch die sich die Bundesrepublik zu militärischen Leistungen verpflichtet, durch die Bundesregierung *kündbar* sind, wenn sie zu einem Hindernis für die Wiedervereinigung Deutschlands werden sollen; sie dürfen die künftige Regierung des wiedervereinigten Deutschlands nicht binden;
4. daß die *Gleichberechtigung aller Teilnehmer* und die Gleichwertigkeit der ihrem Schutz dienenden Sicherheitsvorkehrungen gewahrt werden;
5. daß die *demokratisch-parlamentarische Kontrolle der Streitkräfte* gesichert ist.

Der Vertrag über die Europäische Verteidigungsgemeinschaft blockiert die Möglichkeit einer friedlichen Wiedervereinigung Deutschlands. Er macht die demokratische Kontrolle der Armeen auch auf europäischer Ebene unmöglich. Er bietet Deutschland nicht die gleiche Sicherheit wie den anderen Vertragspartnern. Er gewährt der Bundesrepublik keine Gleichberechtigung bei den politischen und strategischen Entscheidungen.

Die Sozialdemokratische Partei Deutschlands lehnt also nach wie vor den EVG-Vertrag und die mit ihm gekoppelten Verträge ab. Falls das Vertragssystem in Kraft tritt, wird die Sozialdemokratische Partei Deutschlands für seine radikale Revision eintreten.

Deutschlandplan der SPD vom 18.3.1959 (Auszug)

Das deutsche Volk steht vor einer furchtbaren Gefahr. Wenn sich die vier Großmächte nicht über Berlin verständigen, droht Krieg. Wenn sie sich nur über Berlin verständigen, droht die Teilung Deutschlands endgültig zu werden.

Der sowjetische Vorstoß in der Berlinfrage und der durch jahrelange Versäumnisse und Fehlspekulationen ermöglichte Friedensvertragsentwurf der Sowjetunion zwingen jetzt jeden zu der Erkenntnis, daß die Teilung Deutschlands den Weltfrieden bedroht.

Die Zeit drängt. Der weitere Verzicht auf das entschlossene Bemühen, die deutsche Frage und das mit ihr untrennbar verbundene Sicherheitsproblem in Europa friedlich zu lösen, wäre gleichbedeutend mit dem Verzicht auf die Anwendung der Vernunft.

Die Sozialdemokratische Partei Deutschlands legt aus diesem Grunde der Weltöffentlichkeit ihren Plan vor, dessen Ziel es ist, den Weg endlich für eine Politik des Friedens, der Freiheit, der Sicherheit und der sozialen Gerechtigkeit in Europa frei zu machen.

Dieser Plan ist mit auf jenen Vorschlägen aufgebaut, die von der deutschen Sozialdemokratie bereits vor der Berliner Konferenz der Großmächte im Jahre 1954, der Genfer Gipfelkonferenz im Sommer 1955 und der Außenministerkonferenz des gleichen Jahres veröffentlicht worden sind.

Damals blieben diese Vorschläge leider unbeachtet. Heute stehen sie unbestreitbar im Mittelpunkt weltweiter Diskussionen.

Die jetzt vorgelegten Vorschläge der Sozialdemokratischen Partei Deutschlands berücksichtigen auch wesentliche Bestandteile der Vorstellungen zur Entspannung in Europa, wie sie unter anderem auch vom Abrüstungsausschuß des amerikanischen Senats, von dem amerikanischen Diplomaten Kennan, dem britischen Oppositionsführer Gaitskell, dem früheren belgischen Ministerpräsidenten van Zeeland und dem polnischen Außenminister Rapacki entwickelt worden sind.

Alle diese Vorschläge und Pläne haben eines gemeinsam: Sie streben in

Erkenntnis der die Weltpolitik bestimmenden Realitäten zunächst eine militärische Entspannung in Europa an, um auch die politischen und wirtschaftlichen Probleme Europas lösen zu können.

Militärische Entspannung und Sicherheit in Europa

Die Sozialdemokratische Partei Deutschlands fordert die sofortige Einberufung einer Konferenz der vier Großmächte, die nach grundsätzlicher Einigung einer ständigen Kommission unter beratender Teilnahme der Bundesrepublik und der DDR den Auftrag erteilt, Vorschläge für ein europäisches Sicherheitssystem und den Entwurf eines Friedensvertrages mit Gesamtdeutschland auszuarbeiten.

Die zugespitzte West-Ost-Situation läßt die Entspannung in Europa nur noch zu, wenn man sich zu einer schritt- und stufenweisen Regelung der militärischen und politischen Fragen entschließt.

Die SPD hält Vereinbarungen über regionale und kontrollierte Rüstungsbeschränkungen in Mitteleuropa für dringend erforderlich, weil ohne diese die politischen Probleme dieses Raumes nicht zu lösen sind.

Die SPD schlägt vor:

1. Die Festlegung einer Entspannungszone, die vorerst beide Teile Deutschlands, Polen, die Tschechoslowakei und Ungarn umfaßt.
2. Innerhalb dieser Entspannungszone und ihrer möglichen Erweiterungen treten Vereinbarungen über die Rüstungsbeschränkungen der nationalen Truppen und über den gleichwertigen Abzug der Fremdtruppen der NATO und des Warschauer Paktes in Kraft.

   Die nationalen Streitkräfte besitzen keine Atom- und Wasserstoffwaffen. Solche Waffen der im Zonenbereich noch stationierten Fremdtruppen werden "eingefroren", das heißt weder vermehrt noch verstärkt.

   Nach Abschluß der in räumlichen und zeitlichen Phasen genau festzulegenden "militärischen Verdünnung" ist die Entspannungszone frei von Fremdtruppen und von Atom- und Wasserstoffwaffen.
3. Alle Vereinbarungen über die Rüstungsbeschränkungen und über das

gleichwertige Auseinanderrücken der in Mitteleuropa einander gegenüberstehenden Streitkräfte der NATO und des Warschauer Paktes sind vom ersten Schritt an durch eine ungehinderte Boden- und Luftkontrolle zu sichern.

4. Die Unverletzbarkeit der Teilnehmerstaaten in der Entspannungszone ist durch ein kollektives Sicherheitsabkommen aller interessierten Staaten, einschließlich der USA und der UdSSR, zu garantieren.
5. Mit dem Wirksamwerden des europäischen Sicherheitssystems scheiden die in der Entspannungszone gelegenen Staaten aus der NATO und aus dem Warschauer Pakt aus.
   Die Staaten in der Entspannungszone werden dann im Rahmen dieses europäischen Sicherheitssystems zur eigenen und europäischen Sicherheit mit angemessenen Leistungen beitragen.
6. Beibehaltung des gegenwärtigen Rechtsstatus und der militärischen Sicherung Berlins bis zur Regelung der deutschen Frage. Verpflichtung der vier Mächte auf die Respektierung der Westberlin betreffenden Bestimmungen, die nach Aufhebung der Blockade 1949 als gültig erklärt und auch zur Zeit des Abkommens vom 20. September 1955 zwischen der UdSSR und der DDR als gültig anerkannt worden sind.

Die politische und wirtschaftliche Zusammenführung Deutschlands

Jeder Schritt, der zu einem gleichwertigen Auseinanderrücken der in Mitteldeutschland einander gegenüberstehenden Streitkräfte führt, schafft auch eine günstige Voraussetzung für die Lösung der politischen Probleme.

Die langjährige Teilung Deutschlands hat zu einer strukturell grundverschiedenen politischen und wirtschaftlichen Entwicklung in beiden Teilen Deutschlands geführt. Hieraus ergibt sich zwangsläufig, daß die Wiederherstellung der staatlichen Einheit Deutschlands durch eine frei gewählte Nationalversammlung eine allmähliche Annäherung in Stufen voraussetzt. Es sind gemeinsame Organe zur schrittweisen Zusammenführung zu bilden, ohne daß in der Übergangszeit die derzeitigen Zuständigkeiten in beiden Teilen Deutschlands berührt werden.

Die notwendigen Vereinbarungen hierüber können zwischen den vier Großmächten oder den vier Großmächten gemeinsam mit den beiden Teilen Deutschlands bei Ausarbeitung eines Friedensvertrages oder direkt zwischen den beiden deutschen Regierungen im Rahmen einer von den Großmächten festgelegten Regelung der europäischen Sicherheit und der deutschen Frage getroffen werden. Unerläßlich ist jedoch, daß diese Vereinbarung für den Zeitraum bis zum Inkrafttreten einer gesamtdeutschen Verfassung die Menschenrechte und Grundfreiheiten in beiden Teilen Deutschlands sichern.
Die bestehenden Wirtschaftsverfassungen, Außenhandelsbeziehungen und langfristigen Verträge bleiben zunächst unberührt, soweit nicht ausdrücklich nachstehend Änderungen vorgesehen werden. Beide Regierungen verpflichten sich zur Politik der Vollbeschäftigung und zur Garantie des sozialen Besitzstandes.

Die Wiedervereinigung

Nach dem Inkrafttreten der gesamtdeutschen Verfassung werden allgemeine, freie und geheime Wahlen zum gesamtdeutschen Parlament abgehalten. Aus ihm geht die gesamtdeutsche Regierung hervor.
Die Sozialdemokratische Partei Deutschlands appelliert an alle beteiligten Regierungen und an die Weltöffentlichkeit, es im mitteleuropäischen Abschnitt des West-Ost-Konfliktes nicht zum Äußersten kommen zu lassen. Die ungelöste deutsche Frage darf nicht zu einem Brandherd werden, auch nicht aus Prestigegründen oder um vermeintlicher militärischer Vorteile willen. Das gilt auch für das Berlinproblem, das nur mit friedlichen Mitteln und im Rahmen der Wiedervereinigung Deutschlands gelöst werden kann.

Zur Einleitung dieses Planes fordert die Sozialdemokratische Partei Deutschlands:

1. Verhandlungen der vier für die deutsche Frage unmittelbar verantwortlichen Staaten zur Vorbereitung eines Friedensvertrages für Gesamtdeutschland.

2. Verhandlungen zur Vorbereitung eines europäischen Sicherheitssystems.
3. Ernennung von Beauftragten der Bundesrepublik Deutschland und der DDR als beratende Teilnehmer der Konferenzen über den Friedensvertrag und über das Sicherheitssystem.
4. Zustimmung der Bundesregierung zur Bildung von Organen aus Beauftragten der Regierungen der Bundesrepublik und der DDR, die im Rahmen der von den Großmächten vereinbarten Regelungen den Auftrag erhalten, Maßnahmen für die schrittweise Zusammenführung der beiden Teile Deutschlands vorzuschlagen.
5. Beibehaltung des gegenwärtigen Rechtsstatus und der militärischen Sicherung Berlins bis zur Regelung der deutschen Frage.

Ziel aller von der Sozialdemokratischen Partei Deutschlands geforderten Verhandlungen ist der Abschluß von Vereinbarungen, die der stufenweise und zeitlich festgelegten Verwirklichung der europäischen Sicherheit sowie der politischen und wirtschaftlichen Zusammenführung Deutschlands bis zu einer endgültigen Wiedervereinigung in gesicherter Freiheit und zur Aufnahme in die Vereinten Nationen dienen.

Grundsatzprogramm der SPD 1959 (Auszug)

Landesverteidigung

Die Sozialdemorkatische Partei Deutschlands bekennt sich zur Verteidigung der freiheitlich-demokratischen Grundordnung. Sie bejaht die Landesverteidigung.

Die Landesverteidigung muß der politischen und geographischen Lage Deutschlands gemäß sein und daher die Grenzen wahren, die zur Schaffung der Voraussetzungen für eine internationale Entspannung, für eine wirksame kontrollierte Abrüstung und für die Wiedervereinigung Deutschlands eingehalten werden müssen. *Der Schutz der Zivilbevölkerung ist wesentlicher Bestandteil der Verteidigung des Landes.*

Die Sozialdemokratische Partei fordert die völkerrechtliche Ächtung der Massenvernichtungsmittel auf der ganzen Welt.

Die Bundesrepublik Deutschland darf atomare und andere Massenvernichtungsmittel weder herstellen noch verwenden.

Die Sozialdemokratische Partei erstrebt die Einbeziehung ganz Deutschlands in eine europäische Zone der Entspannung und der kontrollierten Begrenzung der Rüstung, die im Zuge der Wiederherstellung der Einheit Deutschlands in Freiheit von fremden Truppen geräumt wird und in der Atomwaffen und andere Massenvernichtungsmittel weder hergestellt noch gelagert oder verwendet werden dürfen.

Die Streitkräfte müssen der politischen Führung durch die Regierung und der Kontrolle durch das Parlament unterstellt sein. Zwischen den Soldaten und allen demokratischen Kräften des Volkes muß ein Verhältnis des Vertrauens bestehen. Der Soldat bleibt auch in Uniform Staatsbürger.

Die Streitkräfte dürfen nur der Landesverteidigung dienen.

Die Sozialdemokratische Partei Deutschlands stellt sich schützend vor jeden Bürger, der aus Gewissensgründen den Dienst mit der Waffe oder an Massenvernichtungsmitteln verweigert.

Die Sozialdemokratische Partei Deutschlands fordert eine allgemeine und kontrollierte Abrüstung und eine mit Machtmitteln ausgestattete internationale Rechtsordnung, die nationale Landesverteidigungen ablösen wird.

Internationale Gemeinschaft

Die größte und dringendste Aufgabe ist es, den Frieden zu bewahren und die Freiheit zu sichern.

Der demokratische Sozialismus ist immer von dem Gedanken der internationalen Zusammenarbeit und Solidarität erfüllt gewesen. In einer Zeit internationaler Verflechtungen aller Interessen und Beziehungen kann kein Volk mehr für sich allein seine politischen, wirtschaftlichen, sozialen und kulturellen Probleme lösen. Die Sozialdemokratische Partei Deutschlands läßt sich von der Erkenntnis leiten, daß die kulturellen, wirtschaftlichen, rechtlichen und militärischen Aufgaben der deutschen Politik in enger Verbindung mit den anderen Völkern gelöst werden müssen.

Normale diplomatische und Handelsbeziehungen mit allen Nationen sind ungeachtet der Regierungssysteme und der gesellschaftlichen Strukturen unerläßlich.

Internationale Schiedsgerichte, Vergleichsverträge, Selbstbestimmungsrecht und Gleichberechtigung aller Völker, die Unverletzlichkeit der Staatsgebiete und die Nichteinmischung in die Angelegenheiten anderer Völker sollen den Frieden sichern, den eine Weltorganisation garantiert.

Die Vereinten Nationen müssen die allgemeine Weltorganisation werden, die sie ihrer Idee nach sein sollen. Ihre Grundsätze sollen allgemeinverbindlich sein. Ein Volksgruppenrecht, das im Einklang mit den von den Vereinten Nationen verkündeten Menschenrechten steht, ist unentbehrlich. Die Sozialdemokratische Partei Deutschlands vertritt das Recht aller Menschen auf ihre Heimat, ihr Volkstum, ihre Sprache und Kultur.

Als Schritte auf dem Wege zu einer allgemeinen Abrüstung und zur Entspannung internationaler Beziehungen sind regionale Sicherheitssysteme im Rahmen der Vereinten Nationen aufzubauen. Das wiedervereinigte Deutschland soll mit allen Rechten und Pflichten Mitglied eines europäischen Sicherheitssystems werden. Die wirtschaftliche Entwicklung drängt zur *Zusammenarbeit der europäischen Staaten.* Die Sozialdemokratische

Partei bejaht diese Zusammenarbeit, *die insbesondere dem wirtschaftlichen und sozialen Fortschritt dienen muß.* Regional begrenzte übernationale Gemeinschaften dürfen nicht zur Abschließung gegenüber der Außenwelt führen.

Die gleichberechtigte Zusammenarbeit und ein für alle Nationen offener Welthandel sind Voraussetzungen für das friedliche Zusammenleben.

Die demokratischen Staaten müssen ihre Solidarität vor allem mit den Entwicklungsländern bekunden. Noch immer lebt mehr als die Hälfte der Weltbevölkerung in tiefster Armut und Unwissenheit. Solange nicht der Weltreichtum neu verteilt und die Produktivität in den Entwicklungsländern erheblich gesteigert ist, bleibt die demokratische Entwicklung gefährdet und der Friede bedroht. Alle Völker sind verpflichtet, Hunger, Elend und Seuchen in gemeinsamer Anstrengung zu bekämpfen. Die Entwicklungsländer haben Anspruch auf großzügige und uneigennützige Hilfe. Ihre wirtschaftliche, soziale und kulturelle Entwicklung muß von den Ideen des demokratischen Sozialismus erfüllt werden, damit sie nicht neuen Formen der Unterdrückung verfallen.

Rede Herbert Wehners am 30. Juni 1960 im Deutschen Bundestag (Auszug)

"Die Sozialdemokratische Partei Deutschlands geht davon aus, daß das europäische und atlantische Vertragssystem, dem die Bundesrepublik angehört, Grundlage und Rahmen für alle Bemühungen der deutschen Außen- und Wiedervereinigungspolitik ist."

"Die Sozialdemokratische Partei Deutschlands hat nicht gefordert und beabsichtigt nicht, das Ausscheiden der Bundesrepublik aus den Vertrags- und Bündnisverpflichtungen zu betreiben. Sie ist der Auffassung, daß ein europäisches Sicherheitssystem die geeignete Form wäre, den Beitrag des wiedervereinigten Deutschlands zur Sicherheit in Europa und in der Welt leisten zu können."

"Die Sozialdemokratische Partei Deutschlands bekannt sich in Wort und Tat zur Verteidigung der freiheitlich demokratischen Grundrechte und der Grundordnung und bejaht die Landesverteidigung."

In der Regierungserklärung von 1969 erklärt der neue Bundeskanzler Willy Brandt zur Bundeswehr (Auszug):

Die Bundesregierung weiß, daß unsere Soldaten in vielen Einheiten und in vielen Funktionen bis an die Grenzen der Leistungsfähigkeit gefordert werden. Die zur Ausführung nötige Zahl der Berufs- und Zeitsoldaten sowie der Stand der Ausbildung und Ausrüstung entsprechen nicht überall den Aufträgen. Wir wissen, daß darüber hinaus der Wandel unserer Gesellschaft und der Fortschritt der Technik, daß vor allem aber die praktische Erfahrung unserer Soldaten heute eine umfassende kritische *Bestandsaufnahme der Bundeswehr* nötig gemacht haben. Diese Bestandesaufnahme wird unverzüglich eingeleitet. Soldaten, Wissenschaft und Bundesregierung werden dabei zusammenwirken. Im Verteidigungs-Weißbuch 1970 werden dem Parlament die vorläufigen Ergebnisse dieser generellen Inventur und sogleich die beabsichtigten Veränderungen vorgelegt werden.
Wir müssen die Bundeswehr als integrierten Teil unserer Gesellschaft verstehen. Schon heute will ich in fünf Punkten die *Absichten der Bundesregierung* klar herausstellen:

1. Wir wollen ein Maximum an Gerechtigkeit durch Gleichbehandlung der Wehrpflichtigen jungen Männer schaffen; Wehrdienstausnahmen und -befreiungen werden abgebaut. Ob sich daraus Konsequenzen für die Dauer des Grundwehrdienstes ergeben, werden wir prüfen.
2. Innerhalb des Verteidigungsministeriums sollen die Führungsstäbe die internationalübliche militärische Arbeitsweise anwenden; sie werden dazu von bürokratischem Ballast befreit.

   (Beifall bei der SPD.)

   Technik und Beschaffung werden nach Methoden modernen industriellen Managements rationalisiert.
3. Wir werden die bisherigen Bemühungen um geeignete Ausbilder, Truppenführern und technische Fachleute fortsetzen und ausbauen. Auch aus diesem Grunde wird die Sorge für die Truppe im Zentrum unserer Bemühungen stehen.

4. Wir vertrauen auch auf die fruchtbare Arbeit des Wehrbeauftragten des Deutschen Bundestages. An den Grundsätzen der Inneren Führung, zu deren Innehaltung Inspekteure, Kommandeure und Soldaten aller Rangstufen sich verpflichtet wissen, werden wir festhalten.

(Beifall bei den Regierungsparteien.)

Wir wissen, daß auf dem Boden der feststehenden rechtlichen und sittlichen Maßstäbe Anpassungen einzelner Regelungen an Entwicklung und Erfahrung nötig sein können.

5. Wir halten am Recht der Kriegsdienstverweigerung aus Gewissensgründen fest. Für sie gilt das Prinzip gerechter Gleichbehandlung. Das Verfahren soll entbürokratisiert werden.

(Beifall bei den Regierungsparteien.)

Die Leistungen der Soldaten und Zivilisten in der Bundeswehr, meine Damen und Herren, werden nur dann voll wirksam, wenn sie von der Anerkennung durch die öffentliche Meinung getragen werden.

(Beifall bei den Regierungsparteien
und bei Abgeordneten der CDU/CSU.)

Grundsatzprogramm der SPD 1989 (Auszug)

Frieden in gemeinsamer Sicherheit

Aufgabe Frieden

Die Menschheit kann nur noch gemeinsam überleben oder gemeinsam untergehen. Diese historisch beispiellosen Alternativen verlangen ein neues Herangehen an die internationalen Angelegenheiten, besonders an die Sicherung des Friedens. Der Krieg darf kein Mittel der Politik sein; dies gilt erst recht im Zeitalter atomarer, chemischer und biologischer Massenvernichtungswaffen. Frieden bedeutet nicht nur das Schweigen der Waffen, Frieden bedeutet auch das Zusammenleben der Völker ohne Gewalt, Ausbeutung und Unterdrückung. Friedenspolitik umfaßt auch Zusammenarbeit der Völker in Fragen der Ökonomie, Ökologie, Kultur und Menschenrechte. Eine Welt in Frieden erfordert das Selbstbestimmungsrecht für alle Nationen.

Friedenspolitik muß Machtkonflikte entschärfen, Interessenausgleich suchen, gemeinsame Interessen aufgreifen, dem Vormachtstreben der Weltmächte durch regionale Zusammenschlüsse entgegenwirken und Gegensätze zwischen Systemen, Ideologien und Religionen im friedlichen Wettbewerb und in einer Kultur des politischen Streits austragen.

Friedenspolitik muß die Vorherrschaft militärischer, bürokratischer und rüstungswirtschaftlicher Interessen brechen und Rüstungsproduktion in die Produktion ziviler Güter überführen.

Friedenspolitik muß sich auf Friedenserziehung und Friedensforschung stützen. Frieden zu schaffen ist nicht allein Aufgabe der Regierungen. Frieden braucht das weltweite Engagement der Menschen für Völkerverständigung, für den Abbau von Waffen und Feindbildern.

Massenvernichtungsmittel würden im Konfliktfall zerstören, was verteidigt werden soll. Wir wollen das System der militärischen Abschreckung überwinden und blockübergreifend Sicherheit organisieren. Dazu gehört, daß der Weltraum von Waffen frei bleibt. Wir setzen uns für eine weltweite Beseitigung aller Massenvernichtungsmittel ein. Die Bundesrepublik

Deutschland darf atomare, biologische und chemische Waffen nicht herstellen, besitzen oder verwenden. Sie muß von Massenvernichtungsmitteln frei werden und darf auch keine Mitverfügung anstreben. Der Verzicht auf ABC-Waffen soll verfassungsrechtlich abgesichert werden.
Wir wollen die Dynamik der Aufrüstung brechen und eine Dynamik der Abrüstung in Gang setzen.
Unser Ziel ist es, den Export von Waffen und Rüstungsgütern zu verhindern.

Gemeinsame Sicherheit

Ost und West haben den Versuch, Sicherheit gegeneinander zu errüsten, mit immer mehr Unsicherheit für alle bezahlt.
Kein Land in Europa kann heute sicherer sein als der mögliche Gegner. Jeder muß also schon im eigenen Interesse Mitverantwortung übernehmen für die Sicherheit des anderen. Darauf beruht das Prinzip gemeinsamer Sicherheit. Es verlangt, daß jede Seite der anderen Existenzberechtigung und Friedensfähigkeit zubilligt.
Gemeinsame Sicherheit bewirkt Entspannung und braucht Entspannung. Gemeinsame Sicherheit will Bedrohungsängste abbauen und die Konfrontation der Blöcke überwinden.
Unser Ziel ist es, die Militärbündnisse durch eine europäische Friedensordnung abzulösen. Bis dahin findet die Bundesrepublik Deutschland das ihr erreichbare Maß an Sicherheit im Atlantischen Bündnis, vorausgesetzt, sie kann ihre eigenen Sicherheitsinteressen dort einbringen und durchsetzen, auch ihr Interesse an gemeinsamer Sicherheit. Der Umbruch in Osteuropa verringert die militärische und erhöht die politische Bedeutung der Bündnisse und weist ihnen eine neue Funktion zu: Sie müssen, bei Wahrung der Stabilität, ihre Auflösung und den Übergang zu einer europäischen Friedensordnung organisieren. Dies eröffnet auch die Perspektive für das Ende der Stationierung amerikanischer und sowjetischer Streitkräfte außerhalb ihrer Territorien in Europa.
Im Bündnis muß der Grundsatz gleicher Souveränität gelten. Das Bündnis

muß verteidigungsfähig, defensiv und entspannungsbereit sein. Der politische Wille muß über Militärstrategie, Militärtechnik und wirtschaftliche Interessen der Rüstungsindustrie herrschen, nicht umgekehrt. Friede ist eine politische, keine waffentechnische Aufgabe.

Gemeinsame Sicherheit zielt auf die Abschaffung aller Massenvernichtungsmittel und eine drastische Verringerung und Umstrukturierung der konventionellen Streitkräfte bis hin zur beiderseitigen strukturellen Angriffsunfähigkeit. Der Prozeß dahin soll durch begrenzte einseitige Schritte und Signale beschleunigt werden. Dazu gehört die erhebliche Senkung der Rüstungsausgaben, der Abbau der Truppenstärken und ein allgemeiner Atomteststopp.

Atom- und chemiewaffenfreie Zonen in Europa dienen der gemeinsamen Sicherheit. Wir wollen solche Zonen schaffen und sie auf ganz Europa ausdehnen.

Die Bundeswehr hat ihren Platz im Konzept gemeinsamer Sicherheit. Sie hat ausschließlich der Landesverteidigung zu dienen. Ihr Auftrag ist Kriegsverhütung durch Verteidigungsfähigkeit bei struktureller Angriffsunfähigkeit. Die Struktur der Bundeswehr muß den Abrüstungsprozeß unterstützen und fördern. Die politische Führung der Bundeswehr obliegt allein der Regierung, ihre parlamentarische Kontrolle dem Bundestag.

Der Soldat bleibt auch in Uniform Staatsbürger. Wir bejahen die Bundeswehr und die Wehrpflicht. Wehrdienst für Frauen lehnen wir ab. Das Ziel von Friedenspolitik ist es, Streitkräfte überflüssig zu machen.

Wir achten das Engagement von Pazifisten, die für die Utopie einer gewaltfreien Völkergemeinschaft einstehen. Sie haben einen legitimen Platz in der SPD. Wir garantieren das Grundrecht auf Kriegsdienstverweigerung. Wir sind für die Abschaffung der Gewissensprüfung. Der Zivildienst darf nicht so gestaltet werden, daß er abschreckend wirkt oder für die Streitkräfte nutzbar gemacht werden kann.

Europäische Gemeinschaft und europäische Friedensordnung

Die Vereinigten Staaten von Europa, von den Sozialdemokraten im Heidel-

berger Programm 1925 gefordert, bleiben unser Ziel. Die demokratischen Staaten müssen ihre Kräfte bündeln, ums ich selbst zu behaupten, aber auch, um auf eine gesamteuropäische Friedensbewegung hinzuwirken.
Die Europäische Gemeinschaft ist ein Baustein einer regional gegliederten Weltgesellschaft. Sie ist eine Chance für den Frieden und die soziale Demokratie. Ganz Europa muß eine Zone des Friedens werden.
Die Europäische Gemeinschaft soll durch eine gemeinsame Außenpolitik dem Frieden dienen, ihren Völkern in den internationalen Beziehungen mehr Gewicht verleihen und der Konfrontation der Weltmächte entgegenwirken. Die historische Perspektive der EG liegt nicht darin, eine eigene Vormachtrolle zu übernehmen. Statt in militärischer Stärke findet sie ihre Identität als weltweit gefragter Partner für Handel und Industrie, für Technik und Wissenschaft, für eine intakte Umwelt und eine dauerhafte Entwicklung der Dritten Welt. Sie muß auch bereit sein, alle Demokratien Europas als Mitglied aufzunehmen und vielfältige Formen enger Kooperation mit allen Ländern Osteuropas anzubieten, um damit die Spaltung Europas zu überwinden.
Die Europäische Gemeinschaft muß durch partnerschaftliche Politik gegenüber dem Süden ein Stück historischer Schuld der europäischen Kolonialmächte und gegenwärtiger Schuld an ungerechten Wirtschaftsbeziehungen abtragen. Sie muß daher Länder und Kräfte des Südens in ihrem Streben nach eigenständiger, selbstbestimmter Entwicklung unterstützen und auf eine gerechte Weltwirtschaftsordnung hinarbeiten.
Wir wollen die Europäische Gemeinschaft zu den Vereinigten Staaten von Europa weiterentwickeln, in denen die kulturelle Identität der Völker bewahrt, sprachlich-kulturelle Minderheiten respektiert und für alle Bürger gleiche Freiheiten und gleiche Entwicklungschancen gesichert werden.
Dies verlangt volle Rechte für das Europäische Parlament, eine handlungsfähige, parlamentarisch verantwortliche Regierung, klar umrissen Zuständigkeiten und europäische Wirtschaftsdemokratie. Wir wollen eine sozialstaatliche Ordnung in ganz Europa.
Unser Ziel ist eine gesamteuropäische Friedensordnung auf der Grundlage

gemeinsamer Sicherheit, der Unverletzlichkeit der Grenzen und der Achtung der Integrität und Souveränität aller Staaten in Europa. Alle europäischen Staaten haben sich vertraglich zu verpflichten, die Prinzipien der Schlußakte von Helsinki zu verwirklichen.

Die rasch fortschreitende Demokratisierung und Humanisierung der Gesellschaften in Zentral-, Ost- und Südosteuropa ist eine Hoffnung für ganz Europa. Wir bieten unsere Hilfe bei der Erneuerung dieser Staaten an. In allen Staaten Europas müssen Menschenrechte, Rechtsstaatlichkeit und Sozialstaatlichkeit gewährleistet sein.

Gesamteuropäische Zusammenarbeit soll helfen, den Nord-Süd-Gegensatz zu überwinden, das gemeinsame Überleben aller Völker durch umfassenden Schutz der Umwelt zu sichern, die individuellen und kollektiven Menschenrechte zu verwirklichen, die wirtschaftliche Zusammenarbeit bis zur gegenseitigen Abhängigkeit auszubauen, das gemeinsame Erbe Europas zu pflegen und kulturelle Kontakte zu fördern. Dazu brauchen wir auch gesamteuropäische Institutionen.

Deutschland

Von deutschem Boden muß Frieden ausgehen. Wir wollen die Verantwortungsgemeinschaft der Deutschen mit Leben erfüllen, die gemeinsamen Interessen beider deutschen Staaten an Abrüstung, Entspannung und Zusammenarbeit geltend macht.

Die Deutschen haben wie alle Völker ein Recht auf Selbstbestimmung. Die Frage der Nation bleibt den Erfordernissen des Friedens untergeordnet. Wir streben einen Zustand des Friedens in Europa an, in dem das deutsche Volk in freier Selbstbestimmung seine Einheit findet. Die Menschen in beiden deutschen Staaten werden über die Form institutioneller Gemeinschaft in einem sich einigenden Europa entscheiden. Die historischen Erfahrungen der Deutschen und ihre Entscheidung für ein gemeinsames Europa verbieten einen deutschen Sonderweg. Die Westgrenze Polen ist endgültig.

Die Bedeutung Berlins als deutsche und europäische Metropole wird in dem Maße wachsen, wie sich die Menschen über Grenzen hinweg begeg-

nen und verständigen.
Die für Deutschland als Ganzes und für Berlin bestehenden Vorbehaltsrechte der Vier Mächte müssen durch die gesamteuropäische Friedensordnung abgelöst werden.

Nord-Süd-Politik

Ohne einen Ausgleich zwischen Industrie- und Entwicklungsländern wird die Zukunft der ganzen Menschheit gefährdet. Wo Hunger und Elend herrschen, kann Frieden nicht Bestand haben. Der Süden darf nicht Austragungsort für den Ost-West-Konflikt sein. Vielmehr muß Abrüstung in Ost und West Mittel freimachen, um den zwei Dritteln der Menschheit, die in Armut leben, Entwicklungschancen zu eröffnen.
Der Reichtum der Industriestaaten des Nordens beruht auch auf der Ausbeutung der Länder des Südens. Die heutige Weltwirtschaftsstruktur steht immer noch in der Tradition von 500 Jahren Kolonialismus. Sie ist geprägt von ungleichen und diskriminierenden Wirtschafts- und Austauschbeziehungen und geht zu Lasten der Dritten Welt.
Jedes Land hat das Recht auf seinen eigenen Entwicklungsweg. Alle Länder des Südens müssen endlich die Chance haben, sich selbst zu ernähren, ihre natürlichen Lebensgrundlagen zu schützen oder wiederherzustellen, die ihnen gemäße Form von Landwirtschaft und Energieversorgung, Bildung, Beschäftigung, Industrialisierung, Gesundheitswesen und sozialer Sicherung zu finden, über einen leistungsfähigen Binnenmarkt ihre Grundbedürfnisse zu befriedigen und ihre kulturelle Identität zu wahren.
Entwicklung im Süden kann nur gelingen, wenn die Arbeit der Frauen nicht mehr unterbewertet wird. Die zentrale Rolle der Frau für den eigenen Entwicklungsweg dieser Länder muß anerkannt werden. Frauen müssen auf allen Ebenen an Entwicklungsplanungen und Entwicklungsprojekten gleichberechtigt teilhaben. Sie müssen Entwicklungswege mitbestimmen können. Entwicklung hat sich auch an ihren Interessen und Bedürfnissen zu orientieren.
Regionale Zusammenschlüsse können dies erleichtern, den Einfluß des Sü-

dens auf die Weltwirtschaft stärken und so globale Zusammenarbeit fördern. Wo reaktionäre Kräfte eigenständige Entwicklungen hemmen, unterstützen wir die Kräfte der Befreiung. Das System der Apartheid in Südafrika muß fallen. Es erweitert den Handlungsspielraum des Südens, wenn wir im eigenen Land durch ökologische Erneuerung unsere Industriegesellschaft korrigieren, regenerierbare Energiequellen erschließen oder Technologien fördern, die auch im Süden nutzbar sind.

Daher kann Entwicklungspolitik nicht isolierte Aufgabe eines Ressorts bleiben. Bei allen politischen Entscheidungen wie Konjunktursteuerung, Zollabbau und Exportförderung, Umwelt-, Agrar-, Energie-, Technologie- und Sicherheitspolitik müssen ihre entwicklungspolitischen Wirkungen bedacht werden.

Norden und Süden müssen erst noch zu einer Entwicklung finden, die dauerhaften Fortschritt ermöglicht, ökologische Belastungsgrenzen respektiert und mit den Bedürfnissen der heutigen und künftigen Generationen vereinbar ist. Dauerhafte Entwicklung verlangt, daß sich die Nutzung von Ressourcen, die Richtung technischer Innovation, Umfang, Standort und Zweck von Investitionen an langfristigen Entwicklungszielen und nicht an kurzfristigen Gewinninteressen orientieren. Dazu müssen internationale Institutionen umgestaltet und mit entsprechenden Rechten ausgestattet werden. Wir erstreben eine neue und gerechte Weltwirtschaftsordnung, die eine dauerhafte Entwicklung für alle Länder ermöglicht.

Auf dem Weg dahin müssen die Austauschbedingungen zugunsten des Südens verändert, die Exporterlöse für Rohstoffe gesteigert, die Schuldendienste begrenzt, der Ressourcentransfer von Nord nach Süd gefördert, die öffentliche Entwicklungsfinanzierung erweitert und die Kontrolle transnationaler Konzerne weltweit durchgesetzt werden. Wo Entwicklungsländer auch im Interesse der Weltgesellschaft wirtschaftliche Möglichkeiten zugunsten des Umweltschutzes ungenutzt lassen, müssen die Industrieländer für den finanziellen Ausfall aufkommen.

All dies gelingt nur, wenn die Entwicklungsländer als gleichberechtigte Partner in den zuständigen internationalen Organisationen deren Reform selbst vorantreiben können. Dies gilt vor allem für den Internationalen Währungsfond, Weltbank und GATT.

Internationale Gemeinschaft

Die Weltgesellschaft muß sich eine Ordnung geben, durch die der Weltfrieden gesichert, wirtschaftliche Macht politisch kontrolliert, Rohstoffe, Technologie und Wissen gerecht verteilt und unsere natürlichen Lebensgrundlagen dauerhaft geschützt werden können.

Die Vereinten Nationen können uns diesem Ziel näherbringen. Daher muß ihre Bedeutung wachsen. Sie müssen zu einem Instrument gewaltfreier Weltinnenpolitik werden. Wir wollen sie politisch und finanziell stärken.

Je weniger sie durch die Konfrontation von Ost und West gelähmt werden, desto besser können die Vereinten Nationen Frieden vermitteln, globalen Bedrohungen entgegenwirken und den Interessen armer Länder Stimme geben. Diesen Herausforderungen können die Vereinten Nationen nur dann gerecht werden, wenn die Nationalstaaten bereit sind, ihnen mehr Kompetenzen und Aufgaben zu übertragen. Wir treten ein für die Stärkung des Internationalen Gerichtshofes, die Reform des Sicherheitsrates und die Schaffung internationaler Rüstungskontrollgremien im Rahmen der Vereinten Nationen. Die Vereinten Nationen und die mit ihnen verbundenen Organisationen müssen neu strukturiert und handlungsfähiger gemacht werden.

Die Sozialistische Internationale bündelt und stärkt die Kräfte des Demokratischen Sozialismus. Sie muß weiterentwickelt werden, damit sie Wege zu einer demokratischen Weltgesellschaft weisen kann.

Parteitag 1993 in Wiesbaden: Perspektiven einer neuen Außen- und Sicherheitspolitik (Auszug)

Sozialdemokratische Außenpolitik steht unter dem Friedensgebot des Grundgesetzes. Allen Plänen, mit der Bundeswehr eine interventionistische Politik zu verfolgen und Deutschland zu einer Militärmacht zu entwickeln, treten wir entschieden entgegen. Die SPD bleibt bei ihrer Tradition, unser Volk nicht in einen Krieg zu führen.

Die Europäische Einigung und Zusammenarbeit voranbringen

Die Europäische Gemeinschaft ist ein Beispiel dafür, daß Demokratie, Zusammenarbeit und Abhängigkeit zum gegenseitigen Vorteil Frieden und Wohlstand sichern. Sie ist ein Beispiel für die nicht-militärische Sicherung des Friedens zwischen den europäischen Völkern und Staaten. Diese Friedens- und Stabilitätsgemeinschaft gilt es zu demokratisieren, zu konsolidieren und zu erweitern. Das Ziel bleibt eine Union europäischer Völker, die eine Wirtschafts- und Währungsunion, eine Sozial- und Umweltunion und eine Gemeinsame Außen- und Sicherheitspolitik zu einer Politischen Union zusammenfaßt.

Die Rüstungsexporte stoppen

Rüstungsexporte verschärfen Konflikte und ermöglichen neue Kriege. Immer noch tragen die Industrieländer als Hauptwaffenexporteure maßgeblich zur Aufrüstung im Süden bei. Für die Bundesrepublik fordern wir den vollständigen Verzicht auf Rüstungsexporte in Staaten außerhalb der NATO. Dabei muß, ebenso wie bei Rüstungskooperation, der Endverbleib im NATO-Gebiet sichergestellt sein. Die Strafen bei Übertretung von Rüstungsexportverboten müssen drastisch verschärft, die Erlöse hieraus restlos eingezogen werden. Zur Eindämmung und Reduzierung der Rüstungsexporte müssen wirksame Schritte zur Konversion der Rüstungsindustrie eingeleitet werden. Notwendig sind darüber hinaus im Zeichen des EG-Binnenmarktes restriktive europäische Rüstungsexportkontrollen und Initiativen in der EG und in der UNO zur Eindämmung des Waffenhandels. Der Handel mit Waffen und sonstigen Rüstungsgütern muß schärfer als bisher kontrolliert und eingedämmt werden. Es muß darauf hingewirkt werden, daß die allein zivile Nutzung von zivil wie militärisch verwendbaren Gütern und Kenntnissen sichergestellt ist.

Die transatlantische Partnerschaft auf eine tragfähigere Grundlage stellen
Europa und Nordamerika bleiben auch nach dem Ende des Ost-West-Konflikts aufeinander angewiesen. Ohne ihre enge Zusammenarbeit lassen sich die gemeinsamen globalen Herausforderungen nicht bewältigen.
Die Anwesenheit amerikanischer Truppen auf deutlich vermindertem Niveau in Europa ist unter dem Gesichtspunkt der Verflechtung sinnvoll.

Die Abrüstung beschleunigen
Das Ende des Kalten Krieges hat im Bereich der KSZE zu konkreten Vereinbarungen über konventionelle Abrüstung, Truppenreduzierung und vertrauensbildende Maßnahmen geführt. Diese Vereinbarungen müssen jetzt dringend und schnell umgesetzt werden. Der Prozeß muß auf breiter Grundlage fortgesetzt und intensiviert werden, insbesondere um die zum Teil neu entstandenen militärischen Ungleichgewichte und Risiken in den Regionen und zwischen den neu entstandenen Nationalstaaten durch regionale Abrüstungsvereinbarungen zu beseitigen.
Künftig müssen auch Seestreitkräfte in den Abrüstungsprozeß einbezogen werden.
Die im Vertrag über konventionelle Streitkräfte in Europa vom November 1991 und in der Abschließenden Akte vom Juli 1992 vereinbarten Obergrenzen von Waffen und Personal sind weit überhöht. Es kann nicht akzeptiert werden, daß trotz des Endes der Ost-West-Konfrontation in Teilen Europas Höchststärken gelten, die einzelnen Ländern Aufrüstungsmaßnahmen ermöglichen.
Die nach dem Ende des Ost-West-Konflikts gegebene hohe quantitative und qualitative Überlegenheit des Westens erlaubt ohne Sicherheitseinbuße

einseitige Abrüstungsschritte der NATO oder einzelner Mitgliedsstaaten bei konventionellen Hauptwaffensystemen (z.B. Panzer, Artilleriewaffen, Fregatten und Jagdbomber).
Auf dem Gebiet der atomaren Abrüstung müssen die Vereinbarungen und Ankündigungen der USA und der Nachfolgestaaten der Sowjetunion zügig umgesetzt werden. Frankreich, Großbritannien und China sind jetzt aufgefordert, ihren Beitrag zur atomaren Abrüstung zu leisten.
Die NATO muß zu weiterer drastischer Abrüstung bereit sein und eine wirklich defensive Strategie und Streitkräftestruktur in und für Europa entwickeln. Dazu gehört der Verzicht auf den atomaren Ersteinsatz, die Strategie der atomaren Abschreckung muß aufgegeben werden.
In einem ersten Schritt sollen alle land-, see- und luftgestützten taktischen Atomwaffen in Europa abgeschafft werden. Wir treten ein für eine Abrüstungskonferenz aller Atomwaffenstaaten mit dem Ziel der generellen, kontrollierten atomaren Abrüstung. Die SPD wird den Abzug aller Atomwaffen aus der gesamten Bundesrepublik Deutschland, nicht nur aus Ostdeutschland, durchsetzen.
Außerdem halten wir unter anderem folgende Sofortmaßnahmen für unerläßlich:

- technische und finanzielle Hilfe des Westens für die Vernichtung des Spaltmaterials in den Nachfolgestaaten der Sowjetunion;
- einen vollständigen Produktionsstopp für waffenfähiges radioaktives Material;
- einen umfassenden Atomteststopp;
- erweiterte Rechte der Internationalen Atomenergieagentur zur Kontrolle der atomaren Abrüstung;
- Beitritt aller Staaten zum Nichtverbreitungsvertrag.

Alle Massenvernichtungsmittel müssen international geächtet und verboten werden. Der atomare Nichtverbreitungsvertrag muß unbefristet verlängert und durch den Beitritt weiterer Staaten gestärkt werden. Wir fordern alle Staaten auf, sich der Chemiewaffen-Konvention und dem Abkommen zum Verbot biologischer Waffen anzuschließen.

Den Frieden sichern

Ein neuer Sicherheitsbegriff

Wir verstehen Frieden als gewaltfreie Austragung von Konflikten. Wo dieser Frieden stabil ist, gibt es weder Anwendung noch Androhung von Gewalt. Das ist z.B. im Verhältnis der EG-Mitgliedstaaten untereinander der Fall: Sie sichern Frieden durch wirtschaftliche Verflechtung und politische Zusammenarbeit und nicht durch Streitkräfte.

Sozialdemokratischer Friedenspolitik liegt ein umfassender Sicherheitsbegriff zugrunde. Über militärische Sicherheit hinaus schließt er ein: die ökologische und ökonomische Stabilität, soziale Gerechtigkeit, selbsttragende Entwicklung, friedliche Beilegung sozialer, nationaler, ethnischer und religiöser Konflikte, Eindämmung von Wanderungsbewegungen durch Bekämpfung von Fluchtursachen, Schutz vor international organisierter Kriminalität.

Wir sind mehr denn je überzeugt, daß Sicherheit nur auf der Grundlage politischer, wirtschaftlicher, sozialer und ökologischer Zusammenarbeit, d.h. als kooperative Sicherheit im Wege umfassender, nichtmilitärischer Verhütung und Beilegung von Konflikten entsteht. Wir wollen, daß die militärische Dimension der Sicherheit weiter an Bedeutung verliert.

Prinzipien Europäischer Sicherheit

Europäische Sicherheit und weltweite Sicherheit stehen im engen Zusammenhang. Sicherheit in und für Europa läßt sich nur gemeinsam durch Kooperation der europäischen Staaten untereinander und mit anderen organisieren. Wir wollen eine enge Sicherheitspartnerschaft zwischen allen europäischen Staaten, die Fortsetzung der transatlantischen Partnerschaft mit Nordamerika und eine verstärkte Kooperation mit Europas südlichen und südöstlichen Nachbarregionen einschließlich der islamischen Welt.

Für die weltweite Sicherheit trägt die UNO die Verantwortung. Sie muß so reformiert werden, daß sie in der Weltgesellschaft verantwortlich für die Entwicklung einer Weltinnenpolitik sein kann.

Europäische Sicherheit und weltweite Sicherheit verlangen weitere Abrüstung. Mehr denn je hat Abrüstung eine Schlüsselbedeutung für Frieden, wirtschaftliche und soziale Entwicklung und die Erhaltung der natürlichen Lebensgrundlagen.

KSZE

Europa ist noch kein befriedeter Kontinent. An vielen Orten herrscht Krieg, anderswo können Not, Unversöhnlichkeit und Machtversessenheit umschlagen in Gewaltanwendung. Das gilt im besonderen für ethnisch-nationale Konflikte innerhalb und zwischen Staaten.

Für die Schaffung kooperativer Sicherheit in Europa bleibt die KSZE unverzichtbar. Sie war sowohl ein Produkt der Blockkonfrontation als auch ein Instrument zu ihrer Überwindung. Sie hat Regeln und Prinzipien des Zusammenlebens zwischen Staaten und Völkern aufgestellt, die weiterhin Gültigkeit haben. Dazu zählen der Verzicht auf gewaltsame Änderung von Grenzen, der Minderheitenschutz, die Sicherung der Menschenrechte, Abrüstung und Vertrauensbildung.

Die KSZE hat seit ihrem Gipfeltreffen in Helsinki im Jahre 1992 beachtliche Fortschritte gemacht, und zwar insbesondere durch die Einsetzung eines Hochkommissars für nationale Minderheiten, den Ausbau des Konfliktverhütungszentrums als Instrument der präventiven Diplomatie und Streitschlichtung, die Bildung des Forums für Sicherheitskooperation, die Bestellung eines Generalsekretärs und die Erklärung zu einer regionalen Abmachung im Sinne von Kapitel VIII der UNO-Charta.

Die Probleme und Konflikte in Europa sind jedoch schneller gewachsen als die Fähigkeit der KSZE, sich ihrer annehmen zu können. Verantwortlich dafür sind letztlich die Mitgliedstaaten, die nicht bereit sind, die KSZE zu einem wirksameren Instrument auszubauen. Die SPD tritt für den Ausbau der Möglichkeiten der KSZE ein, Konflikten vorzubeugen und ihre friedliche Beilegung herbeizuführen. Dazu gehören der Aufbau eines politischen und militärischen Frühwarnsystems sowie der Ausbau der Erkundungs- und Berichterstattermissionen.

Ausbau der KSZE zu einem kollektiven Sicherheitssystem

Wir setzen uns für den schrittweisen Ausbau der KSZE in Richtung auf ein System kollektiver Sicherheit ein. Dies bedeutet die Erweiterung ihrer Zuständigkeiten, vor allem in den Bereichen der Abrüstung, der Sicherheitspartnerschaft, der umfassenden Konfliktverhütung auch durch obligatorische Streitschlichtung und der Durchführung friedenserhaltender Maßnahmen einschließlich des Einsatzes von KSZE-Blauhelmen. Dazu ist ein KSZE-Sicherheitsrat zu schaffen.

Für den Bereich der Sicherheit "nach außen" sollte die KSZE Strukturen der Sicherheitspartnerschaft mit den Nachbarregionen schaffen.

Die Stärkung und der Ausbau der parlamentarischen Gremien der KSZE muß dabei konsequent und zielstrebig verwirklicht werden.

Für die Vernetzung von NATO, Nordatlantischem Kooperationsrat und KSZE zu einem gesamteuropäischen Sicherheitsraum

Mit dem Ende der Ost-West-Konfrontation hat die NATO als westliches Verteidigungsbündnis an Bedeutung verloren. Bis zur vollen Wirksamkeit eines gesamteuropäischen Sicherheitssystems auf der Basis der KSZE sollte die NATO in einem Prozeß des Übergangs eine wichtige stabilisierende sicherheitspolitische Rolle wahrnehmen. In diesem Zusammenhang begrüßen wir, daß eine Zusammenarbeit des Bündnisses mit den Staaten des früheren Warschauer Paktes im Rahmen des Nordatlantischen Kooperationsrates entstanden ist. Die SPD unterstützt eine Intensivierung dieser Zusammenarbeit und eine Erweiterung des Nordatlantischen Kooperationsrates um weitere KSZE-Länder.

NATO, Nordatlantischer Kooperationsrat und KSZE sollten sich durch eine immer engere Abstimmung und Zusammenarbeit so miteinander vernetzen, daß ein von der KSZE getragener gesamteuropäischer Sicherheitsraum entsteht.

Weitere Zwischenschritte zu einem solchen gesamteuropäischen Sicherheitssystem sind völkerrechtlich verbindliche Nachbarschaftsverträge ("regionale Stabilitätsregime"). Sie beruhen auf gegenseitigem Gewaltverzicht,

garantieren die wechselseitige Anerkennung von Minderheitenrechten und organisieren nachbarschaftliche Vertrauensverhältnisse auf der Basis von beiderseitigen vertrauens- und sicherheitsbildenden Maßnahmen.
Im Zuge dieser grundlegenden Veränderung und Neugestaltung der europäischen Sicherheitsstrukturen schließen wir eine Erweiterung der NATO um neue Mitglieder in Mittel- und Osteuropa nicht aus. Dabei darf kein daran interessiertes Land von vornherein ausgeschlossen werden. Eine Erweiterung darf nicht dazu führen, daß sich neue Konfliktlinien nach außen bilden oder alte verschärfen.

WEU

Die Militarisierung der Europäischen Union ist der falsche Weg zur Einigung Europas. Die WEU als eigenständige Militärorganisation und das "Euro-Korps" tragen dazu bei, überflüssige militärische Doppelstrukturen zur NATO zu schaffen.
Die sogenannte Petersberg-Erklärung der WEU, die militärische Kampfeinsätze unter der irreführenden Bezeichnung "Friedensschaffung" außerhalb ihres Verteidigungsauftrages legitimieren will, ist durch den WEU-Vertrag nicht gedeckt. Sie ist auch durch den Maastricht-Vertrag nicht legitimiert. Die SPD wird eine entsprechende Änderung des WEU-Vertrages nicht ratifizieren.
Wir sehen in der Westeuropäischen Union vor allem die Institution, in der die Westeuropäer ihre sicherheitspolitischen Positionen miteinander abklären und abstimmen.

Deutsche Streitkräfte weiter reduzieren

Die SPD bekennt sich zum Auftrag der Bundeswehr bei der Verteidigung unseres Landes und unserer Bündnispartner sowie bei Katastrophen- und humanitärer Hilfe . Gemeinsam mit den Streitkräften unserer Bündnispartner muß die Bundeswehr militärischen Schutz bieten und zugleich Abrüstung und Vertrauensbildung in ganz Europa aktiv mitgestalten. Sie muß weiterhin der Kriegsverhinderung dienen, in der NATO zur wirksamen

Verteidigung fähig sein und in Umfang, Struktur, Bewaffnung, Ausbildung und Einsatzkonzeption ausschließlich und erkennbar ihrem defensiven Auftrag entsprechen. Multinationale Verbände sind ein Mittel der Integration und erschweren nationale Alleingänge.
Für die Auftragserfüllung sind unter dem Gebiet der Sparsamkeit nur die unbedingt erforderlichen Mittel bereitzustellen. Auch deshalb ist eine Entscheidung über die weitere Reduzierung des Anteils der Verteidigungsausgaben am Gesamthaushalt zu treffen. Eine substantielle Rückführung des Verteidigungsetats ist jedoch nur über eine Verringerung des Personalumfangs der Bundeswehr - Soldaten und zivile Mitarbeiter - erreichbar. Dann könnten erheblich geringere Mittel aus heute ausreichend sein.
Der Friedensumfang unserer Streitkräfte wird nur in Schritten sozialverträglich abzubauen sein. Die nächste Zielgröße könnte 1996 300.000 Mann sein. Bei positiver Entwicklung der sicherheitspolitischen Lage können weitere Abbauschritte folgen. Bei Verringerung des bisherigen Streitkräfteumfangs um mehr als ein Drittel stellt sich die Frage der Wehrreform. Durch den dann geringeren Bedarf an Grundwehrdienstleistenden würde die wachsende Wehrungerechtigkeit zu einem Verfassungsproblem.
Als Alternativen sind eine Freiwilligenarmee oder ein Mischsystem mit milizähnlicher Komponente denkbar. Bei einer Freiwilligenarmee würde die Wehrpflicht ruhen, beim Mischsystem auf 6 Monate verkürzt werden. Die Übergangszeit zu Freiwilligenstreitkräften muß auf etwa 5 Jahre veranschlagt werden. Die Mischform ist schneller zu verwirklichen.
Die SPD will die Wehrpflicht solange wie möglich erhalten. Sie darf jedoch einer Verringerung unserer Streitkräfte nicht im Wege stehen.

Zivildienst

Wir treten dafür ein, daß soziale Dienste professionell erbracht werden. In jedem Fall muß gewährleistet sein, daß die Leistungen, die heute im Rahmen des Zivildienstes für die Gesellschaft erbracht werden, nicht alternativlos entfallen. Sinnvoll wäre ein vom Staat finanziell unterstützter (zum Beispiel aus den bisherigen Leistungen für den Zivildienst) freiwilliger Dienst, der sozialen und ökologischen Zwecken in unserem Lande zugute kommt. In diesem Fall würde er Männern und Frauen offenstehen und sollte mit dem Anreiz einer Berufsausbildung und besseren Beschäftigungschancen verbunden sein.

Keine Internationsfähigkeit schaffen

Die Krisenreaktionskräfte der NATO, die zur Zeit aufgebaut werden und einen Gesamtumfang von 150.000 bis 200.000 Mann haben werden, sind nicht nur für den Flankenschutz der NATO, sondern für weltweite Interventionen vorgesehen. Wir lehnen sie in dieser Form ab.

Mobile Verteidigungskräfte akzeptieren wir nur im Rahmen einer strikt defensiven Struktur der Streitkräfte. Sie dürfen nur einen erheblich geringeren Umfang haben und ausschließlich zur Landes- und Bündnisverteidigung eingesetzt werden.

Die Kosten der Verteidigungsplanung und der Rüstung müssen gesenkt werden. Planungen im Rüstungsbereich dürfen weitere Abrüstung nicht behindern. Auf neue Panzerabwehrhubschrauber und U-Boote ist deshalb zu verzichten. Statt dessen ist zum Beispiel ein Schwerpunkt zu setzen auf eine europäische satellitengestützte Aufklärungsfähigkeit, Minenräumkapazitäten sowie Lazarettschiffe und Sanitätseinheiten, die auf Anforderung der UNO oder der KSZE eingesetzt und von diesen Organisationen kontrolliert werden könnten.

Im Bündnis wie im zusammenwachsenden Europa sind durch Aufgabenteilung und Rollenspezialisierung Rationalisierungsgewinne zu erzielen. Nicht alle Partner müssen weiterhin alle Waffengattungen unterhalten. Auch in der Ausbildung ist die Zusammenarbeit unter Einbeziehung der nachkommunistischen Reformstaaten zu vertiefen.

UNO

Die zunehmende Gefährdung unserer Welt verlangt Mitverantwortung für die Entwicklung einer Weltinnenpolitik.

Mit dem von der Bundesregierung Willy Brandts vollzogenen Beitritt zu den Vereinten Nationen entstehen für Deutschland Rechte und Pflichten. Diese wird Deutschland unter sozialdemokratischer Führung so wahrnehmen, wie es unserer außenpolitischen Tradition entspricht: Gemeinsame Sicherheit und die Stärke des Rechts, Friedenserhaltung und Konfliktverhütung, Gewaltverzicht und friedliche Entwicklung sind deren Grundpfeiler. Maßnahmen der Kriegsführung widersprechen dieser Tradition. Wir werden uns daran nicht beteiligen.

Beherrschendes Prinzip deutscher Außenpolitik sollte sein, die Stärkte des Rechts an die Stelle der Macht des Stärkeren zu setzen, die noch immer auf unserem Globus vorherrscht. Die Stärke des Rechts als oberstes Prinzip - das ist eine Konsequenz aus deutscher Geschichte. Bei der Verrechtlichung der internationalen Beziehungen müssen alle Staaten an der Formulierung von Regeln und Maßnahmen demokratisch beteiligt sein, damit eine gerechte Weltordnung entstehen kann. Die Wahrnehmung des internationalen Rechts gilt für alle Staaten.

Deshalb sollte deutsche Politik angemessene Beiträge zur Herrschaft des Rechts und zum Gewaltverzicht in den internationalen Beziehungen sowie zur universellen Geltung der fundamentalen Menschen- und Minderheitenrechte leisten und Systeme kollektiver Sicherheit, global und in Europa, aktiv fördern und unterstützen.

Nachdem die Konfrontation der Militärblöcke jahrzehntelang die Welt geprägt und gelähmt hat, ist die Zeit reif für neues Denken und Handeln. Die Forderungen der von Willy Brandt geleiteten Nord-Süd-Kommission und der von Gro Harlem Brundtland geführten UN-Kommission für Umwelt und Entwicklung haben erstmals die Chance ihrer Verwirklichung.

Frieden, Menschenrechte und Entwicklung weltweit zu fördern, ist die zentrale Aufgabe der UNO. Wir wollen ihre Fähigkeit stärken, sich dieser Aufgabe anzunehmen. Die UNO kann jedoch nur das leisten, was ihre Mitgliedstaaten sie leisten lassen. Sie wird mit immer schwierigeren Aufgaben betraut, ohne daß ihr die dafür nötigen finanziellen Mittel zur Verfügung gestellt würden. Deshalb setzen wir uns für eine aktive Rolle der Bundesrepublik Deutschland zur Stärkung und Reform der UNO ein, damit sie zu

einem funktionierenden System kollektiver Sicherheit werden kann.
Ein schrittweiser Reformansatz für die UNO und ihre Institutionen verspricht schnellere Erfolge zur Verbesserung der Arbeitsfähigkeit der UNO als eine Konzentration auf Versuche, sehr viel weitgehende Vorstellungen wie die Schaffung einer "UNO-Weltregierung" kurzfristig umzusetzen. Die UNO ist noch keine supernationale Organisation, sondern eine Vereinigung von Staaten.
Sie kann deshalb ihre Aufgabe der globalen Friedenssicherung und Förderung von Entwicklung nur erfüllen, wenn sie als unparteilich wahrgenommen wird. Das gilt insbesondere für die Auswahl und Durchführung von Maßnahmen zur Friedenserhaltung und -sicherung. Die UNO darf gerade in diesem Bereich nicht für Zwecke Dritter mißbraucht werden. Sie darf nicht Partei in Bürgerkriegen werden.
Um die Arbeitsfähigkeit der UNO zu verbessern, setzt sich die SPD für folgende Schritten ein:

- eine Stärkung der Stellung des Generalsekretärs gegenüber dem Sicherheitsrat sowie UNO-Unter- und Sonderorganisationen;
- die vorbehaltlose Anerkennung der Entscheidungen des Internationalen Gerichtshofes durch die UNO-Mitgliedstaaten als wichtige Voraussetzung für die Stärkung des internationalen Rechts;
- eine veränderte Zusammensetzung des UNO-Sicherheitsrates, so daß sich alle Staaten und Regionen vertreten fühlen. In diesem Zusammenhang befürworten wir einen ständigen Sitz im Sicherheitsrat für die Bundesrepublik Deutschland. Im Rahmen einer gemeinschaftlichen Außen- und Sicherheitspolitik der Europäischen Union sollte allerdings auch die Frage eines ständigen Sitzes der Union im UN-Sicherheitsrat weiter verfolgt werden;
- eine Reform der Entscheidungsverfahren im Sicherheitsrat, die das Veto-Recht einschränkt;
- eine solide Finanzierung der wachsenden UNO-Aufgaben und ein effizienteres Finanzmanagement;
- die Schaffung eines Umwelt-Sicherheitsrates;

- eine Entlastung der UNO durch die Stärkung regionaler Abmachungen und Organisationen in den Bereichen der Konfliktverhütung, der friedlichen Streitbeilegung, der wirtschaftlichen und ökologischen Kooperation. Die stärkere Inanspruchnahme regionaler Abmachungen darf nicht zu einer Schwächung der UNO führen. Die Entscheidung und Durchführung von Maßnahmen zur Wahrung des Weltfriedens muß auch dann bei der UNO verbleiben.

Die SPD befürwortet eine Fortentwicklung des Völkerrechts, die das Souveränitätsprinzip und das Nichteinmischungsgebot dann relativiert, wenn Völkermord, "ethnische Säuberungen", massive Verletzungen der Menschen- und Minderheitenrechte stattfinden. Eine solche Weiterentwicklung des Völkerrechts erfordert allerdings zwingend die Etablierung einer von allen UNO-Mitgliedern uneingeschränkt anerkannten, unabhängigen internationalen gerichtlichen Instanz, die befugt und in der Lage ist, in einem rechtsstaatlichen Verfahren schwerwiegende Verstöße gegen das Völkerrecht verbindlich festzustellen. Eine solche Regelung ist erforderlich, damit die Behauptung schwerwiegender Verletzungen des Völkerrechts nicht zur politischen Waffen im Interessenkampf der Mächte, insbesondere der Großmächte gemacht wird.

Ziviles Friedenskorps

Zur Unterstützung der UNO und auf Anforderung einzelner Staaten bei Maßnahmen zur Bekämpfung von Umweltschäden, der humanitären und der Katastrophenhilfe setzt sich die SPD für die Gründung eines zivilen Friedenskorps (Umwelt- und Katastrophenhilfswerk) ein. Es soll die vorhandenen Ressourcen privater Hilfsorganisationen und der Bundeswehr aufeinander abstimmen und bei Einsätzen koordinieren. Er soll für Frauen und Männer offen sein und eine freiwillige Reserve von qualifiziertem Personal organisieren.

Konfliktverhütung

Unser UNO-Beitrag schließt die personelle und materielle Unterstützung für Maßnahmen der UNO ein, die der Konfliktverhütung dienen. Dabei verlangen wir entschieden mehr Unterstützung für vorbeugende Diplomatie. Politische und wirtschaftliche Maßnahmen müssen wirksamer und konsequenter als bisher angewandt werden und Unschuldige so weit wie möglich verschonen. Neben Beratung, Vermittlung und Schlichtung gehören dazu Kooperationsangebote einerseits und Sanktionen andererseits, die bis zu einem Embargo mit der vollständigen Unterbrechung von Wirtschaftsverkehr und Kommunikationswegen reichen können. In diesem Zusammenhang setzen wir uns für einen Fonds für embargogeschädigte Drittstaaten ein.

Die Wirtschaftssanktionen sind mit angemessenen Embargomaßnahmen, notfalls mit Blockaden durchzusetzen, um Konflikte zu verhindern oder zu beenden. Auch Staaten, die Boykottmaßnahmen unterlaufen, müssen mit abgestuften Sanktionen, wie zum Beispiel der Einstellung des Flugverkehrs, rechnen. Durch das Einfrieren von Auslandsguthaben und die Stillegung ihrer Transportmittel im Ausland kann den Konfliktparteien die Möglichkeit genommen werden, Sanktionen zu durchbrechen.

Durch eine ständig abrufbare Blauhelmtruppe muß der Generalsekretär die Möglichkeit haben, rechtzeitig auch vorbeugend in bedrohten Gebieten Blauhelme stationieren zu können. Durch den Ausbau der friedenserhaltenden Maßnahmen erhält die UNO die Möglichkeit, feindliche Parteien zu einer Einigung zu bringen, entmilitarisierte Zonen zu schaffen und mit Hilfe der Blauhelme einschließlich ziviler und polizeilicher Kräfte zum Wiederaufbau von demokratischen Institutionen und der zivilen Infrastruktur in von Kriegen zerrütteten Gebieten beitragen zu können.

Für Blauhelm-Einsätze - gegen Kriegsführung

Wir lassen uns von dem in Artikel 1 der UNO-Satzung genannten Ziel leiten, "den Weltfrieden und die internationale Sicherheit zu wahren". Deshalb wollen wir kollektive Sicherheit verwirklichen.

Der Sicherheitsrat der Vereinten Nationen hat den Ausbau der friedenserhaltenden Maßnahmen in den Mittelpunkt der Friedenssicherung gestellt.

Wir setzen uns dafür ein, daß die UNO-Blauhelm-Einsätze in der UNO-Charta verankert werden. Auch wenn das Spektrum der Blauhelm-Missionen breiter und die Durchführung zum Teil sehr viel komplizierter geworden ist, ist eine klare Grenzziehung möglich und erforderlich zwischen Blauhelm-Missionen (= peacekeeping) einerseits und Kriegsführung andererseits.

Ein militärischer Einsatz auf der Seite einer Konfliktpartei macht die Blauhelm-Soldaten zu Beteiligten an einem Krieg und zu Angriffszielen der anderen militärischen Seite.

Dies bedeutet aber das Scheitern der Peacekeeping-Mission und mit der Vermittlungskompetenz der UNO.

Grundlegende Prinzipien des Peacekeeping und Kriterien für seinen Erfolg sind nach wie vor:

Die prinzipielle Zustimmung der Konfliktparteien, die strikte Neutralität gegenüber den Konfliktparteien, rein defensive Bewaffnung und Einsatzkonzeption und die Leitung durch den Generalsekretär der UN, die Beteiligung von zivilem, polizeilichen und militärischen Personal als Teil des Gesamtkonzepts von peacekeeping und die offene und demonstrative Präsenz der UNO-Soldaten (keine Tarnung wie bei Kampfeinsätzen) sowie höchst restriktiver Waffengebrauch mit dem Ziel der Vermeidung und der Verhinderung von Eskalation. In diesem Sinne gehört bereits seit 1973 der restriktive Waffengebrauch zur Selbstverteidigung der Soldaten und die defensive, deeskalierende Absicherung ihres friedenserhaltenden oder humanitären Auftrages zu den Elementen von peacekeeping, das stets auf das Einvernehmen mit den Konfliktparteien und nicht auf eine gewaltsame Beendigung des Konfliktes zielt.

Über eine Beteiligung Deutschlands an Maßnahmen der UNO werden die SPD, ihre Bundestagsfraktion und eine SPD-geführte Bundesregierung anhand dieser Grundsätze entscheiden. Wir befürworten eine Teilnahme der Bundesrepublik Deutschland an Blauhelm-Einsätzen der UNO. Dies gilt jedoch nur für Einsätze, die die genannten grundlegenden Prinzipien erfüllen. Wir bekräftigen und konkretisieren damit die auf den Parteitagen in

Bremen 1991 und Bonn 1992 gefaßten Beschlüsse. Solche friedenserhalten Maßnahmen wollen wir durch eine Grundgesetzänderung ermöglichen. Eine weitergehende Verfassungsänderung lehnen wir ab. Jeder einzelne Blauhelm-Einsatz benötigt schon wegen des Risikos für die Soldaten eine möglichst breite parlamentarische Mehrheit, mindestens aber die Mehrheit der Mitglieder des Bundestages. Wir setzen uns für die Aufstellung einer deutschen UNO-Bereitschaftstruppe mit besonderer Ausbildung ein.
Die SPD steht dafür, daß die Bundeswehr nicht zu einer frei verfügbaren Interventionsarmee wird und daß es keine Beteiligung der Bundeswehr an Kriegen, zum Beispiel nach dem Muster des Golf-Krieges, gibt.

Die Strukturkrise der Bundeswehr

- von Florian Gerster -

Der Bundeswehr läuft die Zeit davon. Seit Sommer 1990 ist sie auf eine Friedensstärke von 370.000 Soldaten fixiert, die als verpflichtende Vorgabe aus den Zwei-plus-vier Verhandlungen mit der früheren Sowjetunion aus dem Jahr 1990 die einzige Grundlage für alle Überlegungen zur Struktur der Streitkräfte darzustellen scheint. Dahinter stehen jedoch Strukturüberlegungen der Teilstreitkräfte, die ihre planerischen Grundlagen in einer Zeit hatten, als die Auflösung des Ostblocks und die Wiedervereinigung Deutschlands allenfalls erahnbar waren. So gelten noch heute im Heer die Vorgaben der Heeresstruktur 5, die in der Mitte der 80er Jahre eingeleitet und bis heute noch nicht vollständig umgesetzt ist. Auch die Ausstattung von Luftwaffe und Marine sind an Vorgaben ausgerichtet, die die tiefgreifenden sicherheitspolitischen Veränderungen in Europa noch nicht berücksichtigen konnten.

Die Bundesregierung, allen voran Bundesverteidigungsminister Volker Rühe, zeigen momentan keinen brauchbaren Ansatz, die Streitkräftestruktur den neuen Gegebenheiten anzupassen und damit die Bundeswehr aus der zwangsläufig entstehenden Orientierungslosigkeit herauszuführen. Noch in der Haushaltsdebatte 1993 hielten Bundeskanzler Kohl und Verteidigungsminister Rühe eisern an der Plangröße von 370.000 Soldaten und 155.000 zivilen Mitarbeitern für Streitkräfte und Bundeswehrverwaltung fest.

Selbst auf der Wehrkundetagung in München am 05.02.1994 bekräftigte der Bundeskanzler trotz der Einsparauflage des Finanzministers in Höhe von 1,25 Mrd. DM diese Zahlen. Er begründete dies mit der gespannten Lage im ehemaligen Jugoslawien und den Unwägbarkeiten im russischen Reformprozeß. Die Tatsache, daß die Bundeswehr aus akutem Geldmangel bereits jetzt auf einen Umfang von 350.000 Soldaten geschrumpft ist, wird fadenscheinig als "strukturneutrale Schwankungsbreite" umschrieben. Dieser Terminus besagt nicht mehr als das Eingeständnis, daß das Fehlen von 20.000 Soldaten die äußerste Grenze dessen darstellt, was die Bundeswehr ohne sofortige Änderung der strukturellen Vorgaben verkraften kann. Eine vergleichbare Lücke hat es nur beim Aufbau der Bundeswehr in den 50er Jahren gegeben.

Finanzplafond bestimmt Struktur

Die Situation macht offensichtlich, daß die Personalstruktur der Streitkräfte nicht mehr von wehrpolitischen Vorgaben, sondern ausschließlich vom Finanzplafond des Bundes bestimmt wird. Zurecht hat der Bundeswehrverband die jüngsten Sparbeschlüsse der Bundesregierung im Verteidigungsetat mit den Worten kommentiert, sie entzögen der Bundeswehrplanung "die finanziellen Grundlagen, machen die von der Bundesregierung wiederholt propagierte Absicht, am Umfang von 370.000 Mann festzuhalten, endgültig unglaubwürdig und legen den Ausbildungs- und Übungsbetrieb weitgehend still." Den Schlußfolgerungen des Verbandes, daß der Sparkurs Materialerhaltung und Instandsetzung sowie dringend erforderliche Infrastrukturverbesserungen auf Jahre hinaus unmöglich macht und neue Standortschließungen mit gravierenden Belastungen für die Soldaten und ihre Familien die zwangsläufige Folge sind, ist nichts hinzuzufügen. Daß der Verteidigungshaushalt nicht mehr von den Aufgaben der Bundeswehr bestimmt wird, sondern als Steinbruch zur Schließung von Haushaltslücken in anderen Ressorts herhalten muß, ist unter Experten Allgemeingut.

Neben der Offenlegung verteidigungspolitischer Unfähigkeit führt der Kurs der Bundesregierung zu einer steigenden Orientierungslosigkeit in Truppe und Verwaltung. Und dies gerade in einer Zeit, wo sie von der Umsetzung der Anforderungen der Deutschen Einheit erschöpft sind. Die Soldaten der Bundeswehr und die zivilen Mitarbeiter der Bundeswehrverwaltung haben seit der Herstellung der deutschen Einheit für die Umgestaltung der Bundeswehr und ihre Anpassung an die neuen Aufgaben Herkulesarbeit geleistet. Es gelang ihnen, in kürzester Zeit in den neuen Ländern Bundeswehrstandorte einzurichten und neue Verwaltungsstrukturen zu schaffen. Daneben hatten sie schwerwiegende Umgliederungsmaßnahmen und Standortschließungen in den alten Bundesländern zu bewältigen. Diese tiefgreifen-

den Veränderungen hinterließen nicht nur bei den betroffenen Soldaten, sondern vor allem bei den Angehörigen Spuren. Die seinerzeit eingeleiteten Stationierungsentscheidungen sind in Teilen noch heute umzusetzen oder werden gerade erst vollzogen.
Nichts wäre für die Angehörigen der Bundeswehr wichtiger und vordringlicher als Planungskontinuität und Planungssicherheit. Statt dessen müssen sie erleben, daß die Finanznot des Bundes dort planlose Kürzungen und Streichungen diktiert, wo mit einem soliden Planungskonzept auch ein ehrlicher Finanzierungsrahmen notwendig wäre. Wohl keinem der noch vor einem Jahr im Umstrukturierungsprozeß der Bundeswehr so engagierten Soldaten oder zivilen Mitarbeiter wäre es in den Sinn gekommen, daß die "Friedensdividende" derart planungs- und konzeptionslos und zugleich mit verheerenden Folgen für Standorte, Einheiten und Verbände sowie Investitionsentscheidungen kassiert werden würde.

Hauptaufgabe: Verteidigung

Eine dem Verfassungsauftrag für unsere Streitkräfte verpflichtete Bundesregierung muß auch in Zeiten geringer unmittelbarer militärischer Bedrohung und knapper Finanzen Sicherheitsvorsorge treffen. Die Hauptaufgabe der Bundeswehr besteht nach wie vor in der Landesverteidigung. Sie muß in der Lage sein, zusammen mit den Partnern im Bündnis jeden äußeren Feind abzuschrecken oder abzuwehren, der die Bundesrepublik Deutschland bedroht.
Sicherheitsvorsorge bedeutet auch, die Bundeswehr personell und materiell so auszustatten, daß sie fähig ist, ihren Bündnisverpflichtungen in der Allianz nachzukommen Die territoriale Souveränität der Bundesrepublik ist trotz der Auflösung des Ost-West-Konflikts und des Untergangs des Warschauer Paktes auch in Zukunft nur zu gewährleisten, wenn der Verteidigungsverbund des Nordatlantischen Bündnisses die territoriale Souveränität seiner Mitgliedstaaten garantieren kann.
Es überrascht nicht, daß nach dem Ende der Ost-West-Konfrontation von den NATO-Mitgliedern, die vorher die Hauptlast der Bündnisverpflichtung

trugen, eine Umverteilung der Rollen und Verantwortungssphären gefordert wird. Dabei wird heute vermehrt auf die atlantische oder europäische Verantwortung der Bündnispartner verwiesen. Gleichzeitig werden Organisationsstrukturen wie das Euro-Korps begrüßt, die früher beargwöhnt wurden. Die Bundesrepublik muß sich darauf einstellen, daß das im Rahmen der NATO-Verpflichtungen zu erwartende Aufgabenspektrum die Aufrechterhaltung der Verteidigungsfähigkeit eher teurer macht.

Gegenüber dem Verteidigungsauftrag sind alle anderen Aufgaben der Bundeswehr sekundär. Dies betrifft bereits die im Grundgesetz ausdrücklich geregelten Fälle und erst recht die Einsätze, die auf Initiative der Bundesregierung mit Zustimmung des Bundestages zustande kommen können. Hierunter zählen bis zur Entscheidung des Bundesverfassungsgerichts alle Beiträge der Bundeswehr zur kollektiven Friedenssicherung, Krisenbewältigung und Konfliktregelung.

Der Auftrag ist Planungsgrundlage

Die Bundeswehr braucht eine neue Struktur. Diese Struktur darf allerdings nicht, wie es derzeit gehandhabt wird, allein von der Finanzlage des Gemeinwesens bestimmt sein, dessen Verteidigung sie garantieren soll. Sie muß vielmehr an ihrem Auftrag orientiert sein. Jeder politischen Entscheidung über die Struktur von Streitkräften muß eine Vielzahl komplexer Überlegungen zugrunde gelegt werden. Alle diese Überlegungen sind miteinander verknüpft oder bedingen einander. Die isolierte Betrachtung einzelner Komponenten ist als Entscheidungsgrundlage unbrauchbar.

Streitkräfteplanung beginnt mit dem Auftrag. In ihm spiegeln sich Bedrohungsanalyse und Risiokobeurteilung, sowie Handlungsspielraum und Handlungswille wieder. Die Bundesregierung hat den Auftrag der Bundeswehr in den Verteidigungspolitischen Richtlinien des Bundesministers der Verteidigung vom 26. 11. 1992 definiert. Beachtenswert an diesem Grundsatzpapier, das nach eigenem Anspruch die Grundsätze zur Sicherheitspolitik, den Auftrag der Bundeswehr und die wesentlichen Aufgaben der Streitkräfte definieren soll, sind vor allem seine Feststellungen zur Bedrohung und Risikovorsorge. Wesentlicher Kern der Bedrohungsanalyse ist die Feststellung, daß Deutschland nicht mehr in unmittelbarer Reichweite eines zur strategischen Offensive und Landnahme befähigten Staates liegt, "Deutschland ist nicht länger Frontstaat". An anderer Stelle heißt es: "Der bedrohlichste Fall einer großangelegten Aggression ist höchst unwahrscheinlich geworden" und im Zusammenhang mit einer Bewertung der Risiken durch Nachfolgestaaten der Sowjetunion: "Eine Gefährdung Deutschlands oder seiner Verbündeten ist daher auf absehbare Zeit auszuschließen, sofern im (NATO-) Bündnis die Fähigkeit zum flexiblen Aufwuchs und zur strategischen Balance erhalten wird." Gegenüber einer Vorwarnzeit von maximal 14 Tagen in den Zeiten des Kalten Krieges wird jetzt von einer militärisch nutzbaren Warnzeit von mindestens einem Jahr ausgegangen. Das Papier schließt seine Analyse mit dem Fazit ab: "Militärische Konflikte, die Deutschlands Existenz gefährden könnten, sind unwahrscheinlich geworden." Die Verteidigungspolitischen Richtlinien haben im Geschäftsbereich des Bundesministers der Verteidigung Erlaßcharakter und sind dort "verbindliche Grundlage für die Arbeit in den Organisationsbereichen ... sowie für die deutsche militärische Interessensvertretung nach außen".

Die Bedrohungsanalyse der SPD sieht um keine Nuance anders aus. In seinen Beschlüssen zur Außen- und Sicherheitspolitik wurde auf dem Wiesbadener Parteitag vom 16.-19.11.1993 festgestellt, daß die Auflösung der Sowjetunion und das Ende des OstWest-Konfliktes die internationalen Beziehungen und insbesondere unseren Kontinent grundlegend verändert haben. Dies beinhaltet große Chancen, aber auch neue Gefährdungen. Die dramatischen Umwälzungen haben einerseits die Chance eröffnet, Frieden, Freiheit und Wohlstand auf Gesamteuropa auszudehnen. Andererseits droht wegen des grundlegenden Wandels mit seinen negativen Begleiterscheinungen wie Verarmung, Desorientierung und blutigen Auseinandersetzungen infolge ethnisch-nationaler Konflikte die Gefahr eines Rückfalls in autoritäre Regime und eine sich verschärfende Neigung, Konflikte gewaltsam auszutragen. Deshalb muß die Bundeswehr gemeinsam mit den Partnern im Bündnis militärischen Schutz bieten und zugleich Abrüstung und Vertrauensbildung in ganz Europa aktiv mitgestalten. Die Bundeswehr muß weiterhin der Kriegsverhinderung dienen und in der NATO zur wirksamen Verteidigung fähig sein.

Militärische Optionen

Die Regierungskoalition kommt allerdings zu anderen strukturellen Schlüssen als die sozialdemokratische Opposition. Einer der wesentlichen Gründe hierfür ist, daß die Regierungsparteien dem vereinigten Deutschland extensivere militärpolitische Gestaltungsspielräume beimessen und sich an einer außen- und militärpolitischen Rolle orientieren, der sie selbst zunehmend die finanziellen Grundlagen entziehen. Dies betrifft insbesondere Einsätze der Bundeswehr außerhalb des Bündnisgebietes der NATO und militärische UN-Einsätze, soweit sie über Blauhelm-Missionen hinausgehen. Das Dilemma der Bundeswehr ist heute, daß der Auftrag der politischen Führung weit über das hinausgeht, was die zur Verfügung gestellten finanziellen Ressourcen zulassen. Es ist auch in diesem Zusammenhang müßig, den Streit zwischen Regierung und Opposition zu den Möglichkeiten und Grenzen von Bundeswehr-Einsätzen außerhalb der Grenzen des Artikels 87a Grundgesetz aufzunehmen. Dies wird noch im Sommer dieses Jahres vom Bundesverfassungsgericht für alle bindend entschieden. Bis zum Gang der SPD-Bundestagsfraktion nach Karlsruhe gab es auch von ihr Initiativen zur klarstellenden Ergänzung der Artikel 24 und 87a Grundgesetz, um UN-Einsätze für die Bundeswehr auf friedenserhaltende Missionen (einschließlich militärischer Nothilfe) zu begrenzen und den militärischen Einsatz auf Seiten einer Konfliktpartei abzulehnen.

Die CDU/CSU wollte diese Einschränkung nicht; Bundeskanzler Kohl und Verteidigungsminister Rühe zwangen mit ihrem Einsatzbefehl für Somalia sogar die FDP als kleineren Koalitionspartner dazu, das Bundesverfassungsgericht anzurufen. Wenn heute von der CDU/CSU immer wieder darauf hingewiesen wird, wie weit doch die SPD abseits der verteidigungspolitischen Grundlinie der Bundesregierung und der sie tragenden Parteien liege,

dann betrifft dies ausschließlich den von der CDU/CSU gewünschten militärpolitischen Spielraum.
Es ist sicherheitspolitisch falsch und für die Zukunft der Bundeswehr schädlich, über 1995 hinaus alle strukturellen Überlegungen auf eine Personalstärke von 370.000 Soldaten auszurichten. Nach dem Wegfall der Ost-West-Bedrohung braucht auch die größer gewordene Bundesrepublik Deutschland keine Streitkräfte, die personell an der Präsenzarmee der alten Bundesrepublik zur Zeit des Kalten Krieges orientiert sind. Heute ist Deutschland an allen Grenzen von Freunden umgeben. Im Süden, Westen und Norden sind dies Staaten, die, wie in der Europäischen Union, sogar eine gemeinsame Außen- und Sicherheitspolitik anstreben. An den Grenzen im Osten leben wir heute mit Nachbarn zusammen, die auf wirtschaftlichem und auf militärischem Gebiet eine enge Anbindung an uns wünschen. Aus dieser strategischen Mittellage ergibt sich der grundlegende Schutz vor unmittelbarer Aggression. Darüber hinaus aber können die verbündeten Staaten auch an unserer östlichen Peripherie von uns einen solidarischen Sicherheitsbeitrag erwarten, der in unserem ureigenen Interesse liegt. Sicherheitsvorsorge innerhalb der Europäischen Union bedeutet schließlich, daß jeder Mitgliedstaat in der Zukunft auf ein gemeinsames solidarisches Handeln für die Sicherheit aller rechnen können muß. Im Vertrag über die Europäische Union wurde hierzu ein Anfang gemacht. Der gemeinsame militärische Rahmen soll durch die WEU dargestellt werden. Daraus ergibt sich für unsere Streitkräfte ein multinational und europäisch ausgerichtetes Einsatzprofil.

Beweglichkeit und Professionalität

Die veränderten strategischen und operativen Rahmenbedingungen erfordern für die Bundeswehr eine auf Beweglichkeit und hohe Professionalität gegründete Konzeption, in die eine durch Wehrpflicht begründete Aufwuchsfähigkeit nach längerer Warnzeit und eine Milizkomponente einfließen muß. Das Einsatzspektrum dieser Streitkräfte umfaßt die unmittelbare Landesverteidigung und die Verteidigung an der Peripherie des NATO-

Bündnisses. Der lokale Konflikt geringerer Größenordnung ist für die vorhersehbare Zukunft das wahrscheinlichere Szenarium. Das Muster eines großangelegten militärischen Einsatzes mit weiträumiger Gefechtsführung innerhalb Europas oder eine Intervention nach dem Muster des Golfkrieges sind demgegenüber von geringerer Bedeutung.
Die aktuellen Rahmenbedingungen erlauben einen drastischen Abbau der mechanisierten Großverbände der Bundeswehr, jedoch keinen Verzicht auf eine derartige Verstärkungskomponente für Verbündete oder eigene Kräfte außerhalb des eigenen Staatsgebietes. Dies betrifft vor allem das Heer. Bei Luftwaffe und Marine gelten andere Bedingungen. Sie sind besonders auf die Integration in einer gemeinsamen sicherheitspolitischen europäischen Architektur angewiesen. Wie lange wollen sich die europäischen Staaten den Luxus nationaler Schwerpunktbildungen leisten? Muß nicht auch aus Kostengründen eine europäische Arbeitsteilung erreicht werden?
Hieraus wird deutlich, welch großem strukturellen Umbruch sich die Bundeswehr ab der Mitte der 90er Jahre stellen muß. Ein Einsatzprofil, das die klassische Landesverteidigung und eine internationale Polizeiaktion gleichermaßen umfaßt, verlangt militärische Verbände mit weit gefächertem Einsatzspektrum und hoher Professionalität. Sie müssen in der Lage sein, ihre Einsätze auch bei Eskalation mit hoher Überlebensfähigkeit und Fähigkeit zur schnellen Konfliktbeendigung durchzuführen. Zugleich dürfen sie die Fähigkeit nicht verlieren, als Kernverbände das Rückgrat von Streitkräften zu bilden, die nach den derzeit vorgegebenen Warnzeiten zu einer weiträumigen operativen Gefechtsführung im Rahmen einer gemeinsamen europäischen Verteidigung in der Lage sind.

Kern- und Mantelverbände

Die Krisenreaktionskräfte in allen drei Teilstreitkräften werden sich anderen Anforderungsprofilen stellen müssen als die Verbände, deren überwiegende Aufgabe die Heimatverteidigung ist. Ein duales System mit professionellen Verbänden aus längerdienenden Soldaten auf der einen und Verbänden der Heimatverteidigung mit Milizcharakter auf der anderen Seite bedarf der

sorgfältigen Untersuchung auf Ressourcenverteilung, Einsatztauglichkeit aber auch auf gesellschaftliche Verträglichkeit innerhalb der Bundeswehr und in der Außenwirkung.
Die Ausgestaltung einer künftige Streitkräftestruktur hängt von Art und Wahrscheinlichkeit der Anforderungen im nationalen und internationalen Rahmen ab. Es sind Operationsformen zu finden, in denen Verbände je nach Auftrag kombiniert werden können. Dazu müssen Kombinationsmöglichkeiten aus allen Organisationsbereichen der Teilstreitkräfte zulässig sein. Es darf jedoch nicht dazu kommen, daß, wie beim Somalia-Einsatz, in "Heldenklau"-Aktionen Spezialisten Mann für Mann zusammengezogen und zu Einsatzverbänden geformt werden. Dadurch verliert die Truppe ihre Funktionsfähigkeit und der Einsatzverband kämpft zunächst vor allem mit der Findung seiner Identität.
Strukturveränderungen und Umfangreduzierungen werden das Heer am stärksten verändern. Es sollte angestrebt werden, auf der Basis der Brigade als dem kleinstmöglichen zur Gefechtsführung befähigten operativen Verband Bausteine für Verbände zu finden, die je nach Auftrag im oben beschriebenen Sinn kombiniert werden können. Auch für derartige Organisationsformen kann auf Bewährtes zurückgegriffen werden, so etwa auf die für 1995 angestrebte Führungs- und Unterstützungsorganisation des Heeres. Alternativ muß untersucht werden, ob die hierarchische Kommandostruktur des Heeres gestrafft werden kann. So könnte etwa nach französischem Vorbild sogar auf die Brigadeebene verzichtet und die Bataillonsebene in Regimentsstruktur zur operativen Führung befähigt werden. Für Luftwaffe und Marine zeichnen sich weniger schwerwiegende Strukturänderungen ab. Allerdings wird auch für diese Teilstreitkräfte eine teilstreitkraftübergreifende und multinational verwendbare Führungs- und Kommunikationsfähigkeit erforderlich.

Zielgröße 300.000

In den Beschlüssen des Wiesbadener Parteitages zur Außen- und Sicherheitspolitik hat die SPD gefordert, daß die Bundeswehr in Umfang, Struktur, Bewaffnung, Ausbildung und Einsatzkonzeption ausschließlich und erkennbar ihrem defensiven Auftrag entsprechen muß. Bei, wie derzeit, knappen Haushaltsmitteln können Einsparungen fast ausschließlich über die Verringerung des Personalumfangs der Streitkräfte erreicht werden, soll nicht die Funktionsfähigkeit der Streitkräfte darunter leiden. Personal ist jedoch keine jederzeit nach Belieben veränderbare Verfügungsmasse. Deshalb räumt die SPD der Sozialverträglichkeit eines Personalabbaus den Vorrang ein. Wenn in diesem Zusammenhang als Zielgröße nach 1995 ein Personalumfang von 300.000 Soldaten genannt wird, muß bedacht werden, daß mit einer Personalreduzierung von 70.000 Soldaten erhebliche Standortschließungen verbunden sind. Als Orientierungsgröße gilt hierbei, daß für etwa 1.000 Soldaten weniger ein Standort zu schließen ist. Jedem kommunal oder regional orientierten Politiker ist die soziale Sprengkraft klar, die sich hinter derartigen Zahlen für die betroffene Kommune oder Region verbirgt. Immerhin stellt ein einziges Panzergrenadierbataillon mit seinen Soldaten eine Kaufkraft von etwa 30 Millionen Mark im Jahr dar.

Die Strukturveränderungen für die Streitkräfte, die die Bundesregierung aus Gründen der Funktionsfähigkeit der Bundeswehr nach ihren drastischen Sparbeschlüssen im Einzelplan 14 vornehmen muß, brauchen Planungs- und Realisierungszeit. Es ist relativ rasch möglich, Streitkräfte zu reduzieren. Dies haben die amerikanischen Streitkräfte uns vorgemacht, die ihre Stärke von 1,8 auf 1,4 Millionen Soldaten, die Zahl der Heeresdivisionen von 14 auf 12 und die Anzahl der Kampfschiffe von 434 auf 413 reduziert haben. Auch die deutschen Streitkräfte wurden bereits drastisch reduziert, wenn man im wiedervereinigten Deutschland Bundeswehr und Nationale Volksarmee zusammenzählt. Die Bundeswehr genoß jedoch in diesem Prozeß den Vorteil, daß weniger bei ihr als vielmehr bei der anderen deutschen Armee stillgelegt und entlassen wurde. Bei jeder künftigen Reduzierung muß jedoch bedacht werden, daß eine möglicherweise erforderliche Aufwuchsfähigkeit für Verteidigungskräfte erhalten bleibt.

Planungssicherheit

Es wird nicht möglich sein, dem Heer sofort nach Einnahme der Heeresstruktur 5 ab 1995 einen neuen tiefgreifenden strukturellen Umbruch zu verpassen. Allerdings war es bereits 1992 und 1993 auf der Hardthöhe möglich und dringend erforderlich, eine selbstkritische Bestandsaufnahme vorzunehmen. Es wäre notwendig gewesen, eine Wehrstrukturkommision einzuberufen, wie dies 1970-1972 Verteidigungsminister Helmut Schmidt mit hervorragenden Ergebnissen für die Streitkräfte tat. Die neue Wehrstrukturkommission hätte sich sogar auf Vorarbeiten der damaligen Kommission stützen können. So hätte Planungszeit eingespart werden können, das heißt kostbare Zeit für fundierte Grundlagenarbeit. Heute besteht die konkrete Gefahr, daß mit den Strukturplanungen erst nach der Bundestagswahl und damit zu spät begonnen wird.

Die heutige Struktur der Bundeswehr ist nicht lagegerecht. Die Bundesregierung hält an dieser Struktur verbissen fest, stellt für ihre Funktionsfähigkeit jedoch nicht die erforderlichen Geldmittel bereit. Es gibt nur zwei Alternativen: mehr Geld oder eine andere Struktur mit weniger Umfang. Für den Auftrag der Streitkräfte gilt: Klare Orientierung am Grundgesetzauftrag und Priorität für Bündnisverteidigung.

(Frankfurter Rundschau vom 6. April 1994)

Parteitag 1994 in Halle: Wahlprogramm der SPD (Auszug)

Eine Welt in Sicherheit und Frieden ...

Das Ende des Kalten Krieges hat noch nicht den Weltfrieden gebracht. Gewaltsame Konflikte in vielen Teilen der Welt, auch in Europa, haben die Menschen aufgeschreckt. Verelendung und Umweltzerstörung in den Ländern des Südens künden neue Konflikte an. Ganze Völker und Volksgruppen werden unterdrückt und ihrer Menschenrechte beraubt. In dieser Zeit des Umbruchs muß unser Land seine internationale Rolle finden. Auf Deutschland ruhen große Hoffnungen und Erwartungen. Wir wollen, daß Deutschland ein weltoffenes Land bleibt, ein zuverlässiger, berechenbarer Partner und ein guter Nachbar. Eine aktive, vorwärtstreibende deutsche Außenpolitik *im Rahmen der Europäischen Union*, die sich an Frieden, Freiheit und Wohlstand für alle Völker orientiert, ist unser Ziel. *Daher setzen wir uns für den Ausbau der Friedens- und Konfliktforschung in Deutschland ein und werden die dort gewonnenen Erkenntnisse verstärkt zu Rate ziehen.*

... durch Partnerschaft

Stabilität und Sicherheit in Deutschland beruhen auf zwei Pfeilern: NATO und Europäische Union. In diesen größeren Zusammenschlüssen haben die Beziehungen zu den USA und Frankreich besonders starkes Gewicht. Zu diesen Grundlagen deutscher Sicherheits- und Friedenspolitik stehen wir. Stabilität und Sicherheit in Europa sind unteilbar. Deshalb werden wir dafür eintreten, die gemeinsame Unterstützung des Westens für die Reformprozesse in Mittelost- und Südosteuropa sowie den Ländern der ehemaligen Sowjetunion auf verläßlicher Grundlage fortzuführen.

Wir setzen uns für eine starke handlungsfähige Europäische Union ein, weil es in der Politik der europäischen Einigung kein Zurück geben darf. Die Europäische Union ist die beste Garantie dafür, daß es in Europa keinen Rückfall in nationale Überheblichkeit geben wird. Wir wollen eine gemeinsame Außen- und Sicherheitspolitik der Europäischen Union verwirklichen,

in deren Beratungen auch ost- und mittel-osteuropäische Staaten einbezogen werden können.
Dringend erforderlich ist eine abgestimmte europäische und atlantische Ostpolitik als eine "Partnerschaft für Entwicklung". Die ehemals kommunistischen Staaten in Mittelost- und Südosteuropa brauchen die europäische Perspektive. Sie kann durchaus unterschiedliche Formen der Integration und Kooperation umfassen. Wichtig ist: Das gemeinsame Angebot des Westens zur Kooperation darf sich nicht allein auf Bündnis- und Sicherheitspolitik beschränkten; es muß andere, vor allem ökonomische, ökologische und soziale Politikbereiche ebenso einbeziehen wie Fragen der demokratisch-institutionellen Neuordnung.
Bis zur vollen Wirksamkeit eines gesamteuropäischen Sicherheitssystems auf der Basis der KSZE nimmt die NATO in einem Prozeß des Überganges eine wichtige stabilisierende sicherheitspolitische Rolle wahr. Eine SPD-geführte Bundesregierung wird sich für weitere drastische Abrüstung und eine wirklich defensive Strategie und Streitkräftestruktur der NATO einsetzen. Um unserem Ziel eines europäischen Raums kollektiver Sicherheit näher zu kommen, streben wir eine Verflechtung der bestehenden europäischen Sicherheitssysteme und -organisationen (NATO, NATO-Kooperationsrat, WEU und KSZE) an. Die im Rahmen der "Partnerschaft für den Frieden" angebotene enge Zusammenarbeit hält den Weg zu einer neuen gesamteuropäischen Sicherheitsstruktur offen. Die KSZE muß institutionell so ausgestattet werden, daß sie ihre Aufgabe als Regionalorganisation nach Kapitel VIII der UN-Charta, insbesondere bei der Abrüstung, Wahrung des Friedens und der Menschen- und Minderheitenrechte, besser als bisher wahrnehmen kann.
Nach dem Beispiel der KSZE sollte auch im Mittelmeerraum eine Zone der Kooperation entstehen. Der eingeleitete Friedensprozeß zwischen Israel und den Palästinensern, den wir nach Kräften und im Bewußtsein unserer besonderen Verpflichtung gegenüber Israel unterstützen, könnte einer solchen Entwicklung den Weg bahnen. Den Beziehungen Europas zu den Ländern der islamischen Welt werden wir besondere Aufmerksamkeit widmen. Das

Entstehen neuer Konfliktlinien im Mittelmeerraum muß verhindert werden. Die Bundeswehr dient der Landesverteidigung. Sie nimmt ihre Aufgaben in der NATO als dem gemeinsamen Bündnis zur Verteidigung war. Dabei soll es bleiben. Darüber hinaus soll die Bundeswehr die UN unterstützten, damit diese ihre Aufgaben in friedenserhaltenden und humanitären Maßnahmen durchführen kann. Dafür werden wir die verläßlichen Rechtsgrundlagen schaffen. Wir wollen eine verläßliche Bundeswehrplanung auf der Basis von 300.000 Mann Friedensstärke einschließlich der UN-Bereitschaftskräfte. An der allgemeinen Wehrpflicht halten wir fest. Die SPD steht dafür ein, daß die Bundeswehr nicht zu einer frei verfügbaren Interventionsarmee wird und es keine Beteiligung der Bundeswehr an Kriegen, z.B. nach dem Muster des Golf-Krieges, gibt, *unabhängig davon, ob solche Einsätze unter dem Dach der UN, der NATO oder der WEU stattfinden.*

Wir wollen Programme zur Konversion der Rüstungsindustrie *und der Standorte* fördern und setzen uns für restriktive europäische Rüstungsexportkontrollen ein. Wir lehnen eine Aufweichung der geltenden deutschen Regelungen für Rüstungsexporte ab. *Die Strafen bei Übertretung von Rüstungsexportverboten müssen drastisch verschärft, die Erlöse hieraus restlos eingezogen werden.* Wir werden Rüstungsexporte auf die Mitgliedstaaten der NATO und der EU beschränken.
Sozialdemokratische Außen- und Sicherheitspolitik steht in der Kontinuität deutscher Bündnis- und Entspannungspolitik. Sie ist berechenbar und verläßlich.

Verlautbarung der Pressestelle des Bundesverfassungsgerichts Nr. 29/94

Das Bundesverfassungsgericht - Zweiter Senat - hat im Organstreitverfahren entschieden, daß die Bundesrepublik Deutschland sich mit deutschen Streitkräften an einem Einsatz im Rahmen von Aktionen der Nordatlantikpakt-Organisation (NATO) und der Westeuropäischen Union (WEU) zur Umsetzung von Beschlüssen des Sicherheitsrates der Vereinten Nationen (UNO) beteiligen darf. Gleiches gelte für eine Beteiligung deutscher Streitkräfte an von den Vereinten Nationen aufgestellten Friedenstruppen. Allerdings verpflichte das Grundgesetz die Bundesregierung, für einen Einsatz bewaffneter Streitkräfte die - grundsätzlich vorherige - konstitutive Zustimmung des Deutschen Bundestages einzuholen. Die Verfahren sind auf Antrag der SPD- und der FDP-Fraktion eingeleitet worden.

Nach Art. 24 Abs. 2 GG kann sich der Bund zur Wahrung des Friedens einem System gegenseitiger kollektiver Sicherheit einordnen und dabei in Beschränkungen seiner Hoheitsrechte einwilligen. Das Bundesverfassungsgericht sieht in dieser Ermächtigung des Grundgesetzes auch die Verfassungsrechtliche Grundlage für eine Übernahme der Aufgaben, die typischerweise mit der Zugehörigkeit zu einem solchen System gegenseitiger kollektiver Sicherheit verbunden sind. Deshalb dürfen deutsche Soldaten im Rahmen von UN-Friedenstruppen eingesetzt werden, auch wenn diese das Mandat zur Wahrnehmung von Zwangsmaßnahmen haben. Damit sind die von den Antragstellern vorgetragenen verfassungsrechtlichen Bedenken gegen eine Beteiligung deutscher Soldaten an der Aktion der Vereinten Nationen in Somalia "UNOSOM II", an der Aktion von Seestreitkräften der NATO und der WEU in der Adria zur Überwachung eines von den Vereinten Nationen gegen die Föderative Republik Jugoslawien verhängten Embargos und an der Durchsetzung des von den Vereinten Nationen verhängten Flugverbots im Luftraum von Bosnien-Herzegowina in AWACS-Flugzeugen zurückgewiesen. Deutsche Soldaten dürften auch in NATO-Verbände integriert werden, die im Rahmen einer Aktion der Vereinten Nationen eingesetzt werden. Dies sei von der Zustimmung des Gesetzgebers zum Beitritt

der NATO und zur Charta der Vereinten nationen umfaßt. Allerdings erkennt das Gericht nach eingehender Analyse der Aussagen des Grundgesetzes zur Stellung der Streitkräfte im Verfassungssystem eine Verpflichtung der Bundesregierung, für jeden Einsatz bewaffneter deutscher Streitkräfte die konstitutive Zustimmung des Deutschen Bundestages einzuholen. Diese Zustimmung müsse grundsätzlich vor dem Einsatz erteilt werden. Der Bundestag habe über Einsätze bewaffneter Streitkräfte mit einfacher Mehrheit zu beschließen. Liege ein solcher Parlamentsbeschluß vor, so falle die Entscheidung über die Modalitäten des Einsatzes, insbesondere über dessen Umfang und Dauer sowie über die notwendige Koordination in und mit Organen internationaler Organisationen in die Zuständigkeit der Regierung. Im Rahmen dieser verfassungsrechtlichen Vorgaben sei es Sache des Gesetzgebers, die Form und das Ausmaß der parlamentarischen Mitwirkung näher auszugestalten. Wegen Stimmengleichheit konnte ein Verstoß gegen Art. 59 Abs. 2 GG nicht festgestellt werden. Die Antragsteller hatten geltend gemacht, daß der Einsatz von NATO-Verbänden unter der Autorität der Vereinten Nationen zu einem inhaltlichen Wandel des NATO-Vertrages führe. Dafür sei gemäß Art. 59 Abs. 2 GG die Zustimmung des Gesetzgebers erforderlich. Vier Senatsmitglieder, deren Auffassung die Entscheidung trägt, sind der Meinung, daß die NATO-Partner bei den angegriffenen Maßnahmen erkennbar nicht in dem Willen gehandelt hätten, den NATO-Vertrag bereits vertraglich um neue Aufgaben zu erweitern. Nach Auffassung der vier anderen Senatsmitglieder hat die Bundesregierung an einer dynamischen Erweiterung des NATO-Gründungsvertrages in einer Weise mitgewirkt, die die Mitwirkungsrechte des Bundestages zu unterlaufen droht. Dadurch seien Rechte des Bundestages unmittelbar gefährdet.
Mit dieser Entscheidung hat das Bundesverfassungsgericht die seit langem umstrittene Zulässigkeit eines Einsatzes deutscher Soldaten aufgrund eines Mandats der Vereinten Nationen anerkannt, den konkreten Einsatz im Einzelfall aber von der Zustimmung des Deutschen Bundestages abhängig gemacht.

Die Richter Böckenförde und Krues haben in einer abweichenden Meinung dargelegt, daß nach ihrer Auffassung der Antrag der FDP-Fraktion als unzulässig hätte verworfen werden müssen.

(Urteil des Zweiten Senats vom 12. Juli 1994
- 2 BvE 3/92, 2 BvE 5/93, 2 BvE 7/93 und 2 BvE 8/93 -)

Karlsruhe, den 12. Juli 1994

15. Literaturhinweise

1) Karl Anders: Die ersten hundert Jahre. Hannover 1963

2) Wolfram Wette: Gustav Noske. Düsseldorf 1987

3) Eduard Bernstein: Die Voraussetzungen des Sozialismus und die Aufgaben der Sozialdemokratie. Berlin 1920

4) Wolfram Wette: Die deutsche Sozialdemokratie zu Krieg und Frieden. In: Krieg und Frieden. Broschüre des SPD-Parteivorstands. Bonn 1989

5) Hartmut Soell: Fritz Erler. Berlin 1976

6) Fritz Erler: Politik für Deutschland. Stuttgart 1968

7) Ulrich de Maizière: In der Pflicht. Herford 1989

8) Helmut Schmidt: Verteidigung oder Vergeltung. Stuttgart 1961

9) Georg Leber: Nie wieder Mißtrauen. Armee - Arbeiter. Sozialdemokratische Sicherheitspolitik (SoSiPo) 1/1977

10) SPD: Die Bundeswehr dient unserem ganzen Volk. Bonn 5/1980

11) Karsten Voigt: Der Kampf geht um die Bundeswehr. Vorwärts 12.6.1980

12) Karl Wilhelm Berkhan: Beobachtungen und Erfahrungen des Wehrbeauftragten 1975 - 1985. In: Walz, Dieter: Drei Jahrzehnte Innere Führung. Baden-Baden 1987

13) Helmut Ganser: Technokraten in Uniform. Reinbek 1980

14) Dirk W. Oetting: Motivation und Gefechtswert. Frankfurt 1988

15) Heinz Brill: Bogislaw von Bonin. Baden-Baden 1987

16) SPD: Zukunft Bundeswehr. Broschüre 1990

17) Hans Joachim Berg: Der Verteidigungsausschuß des Deutschen Bundestages. München 1982

18) SPD: Forum Bundeswehr. Broschüre 1982

19) Florian Gerster: Zweifel am Wertewandel. Vorwärts 1/1988

20) Hans Georg Studnitz: Rettet die Bundeswehr! Stuttgart 1967

21) Helmut Schmidt: Wider die Legende von Verrat und Königsmord. Die ZEIT 5/1994

22) Hans Apel: Der Abstieg. Stuttgart 1990

23) Deutschlandplan der SPD. Beschluß des Parteivorstands vom 18.3.1959

24) SPD: Positionspapier zu den sicherheitspolitischen Aspekten der Einigung Deutschlands im Rahmen der Europäischen Integration. 1990

25) Florian Gerster: Quo vadis Europa ? Europäische Sicherheit 5/1993

26) Timothy Garton Ash: Im Namen Europas. Deutschland und der geteilte Kontinent. München 1993

27) SPD: Regierungsprogramm 1987 - 1990

28) Günter Kiessling: Neutralität ist kein Verrat. Erlangen 1987

29) Egon Bahr, Andreas von Bülow, Karsten Voigt: Europäische Sicherheit 2000. Broschüre 1989

30) Bernd Ulrich: Die deutsche Linke und der Westen. In: Michael Grossheim, Karl Heinz Weissmann, Rainer Zitelmann: Westbindung. Frankfurt 1993

31) Helmut Schmidt: Die deutsch-französische Zusammenarbeit in der Sicherheitspolitik. Europaarchiv 11/1987

32) Helmut Schmidt: Eine Strategie für den Westen. Berlin 1986

33) Henry Kissinger: Die künftigen Beziehungen zwischen Europa und den Vereinigten Staaten. Europaarchiv 23/1992

34) Rainer Zitelmann: Neutralitätsbestrebungen und Westorientierung. In: Westbindung...

35) Florian Gerster: Zwei-Zonen-Staat unter alliierter Kontrolle? In: Sicherheit und Frieden 2/1990

36) Hans Arnold: Europa am Ende? München 1993

37) Henry Kissinger: Memoiren, Band 2. München 1982

38) Wolfgang Brinkel, Jo Rodejohann (Hg): Das SPD-SED-Papier. Freiburg 1988

39) Hermann Scheer: Die Befreiung von der Bombe. Köln 1986

40) Florian Gerster: Die Idee des Atomwaffenpools. Europäische Sicherheit 2/1993

41) Hans-Jürgen Wischnewski: Mit Leidenschaft und Augenmaß. München 1989

42) Hugo Brandt: Rede an die Partei, fast im Zorn. Neue Gesellschaft 7/1981

43) Hermann Scheer: Mittendrin. Köln 1982

44) SPD: "intern" 12 und 13/1983

45) Der SPIEGEL 25/1983

46) Peter Glotz, Rita Süssmuth, Konrad Seitz: Die planlosen Eliten. München 1992

47) SPD: Forum Frieden. Mai 1981

48) SPD-Bundestagsfraktion: Vor der Genfer Entscheidung. 5/1983

49) SPD: Friedenspolitische Aktivitäten. "intern" 12/1983

50) Botho Strauß: Anschwellender Bocksgesang. SPIEGEL 6/1993

51) Akademie der Bundeswehr für Information und Kommunikation: Demoskopisches Meinungsbild zur Sicherheits- und Verteidigungspolitik 1991

52) siehe oben; 1992

53) André Glucksmann: Philosophie der Abschreckung. Stuttgart 1984

54) Franz Uhle-Wettler: Gefechtsfeld Mitteleuropa. Koblenz 1980

55) SPD: Kriegsverhinderung im Atomzeitalter. Broschüre 6/1983

56) Andreas von Bülow: Gedanken zur Weiterentwicklung der Verteidigungsstrategien in West und Ost. Broschüre 2/1984

57) Horst Ehmke: Überlegungen zur Selbstbehauptung Europas. Broschüre 1/1984

58) Karsten Voigt: Die Lust der Deutschen an der Opferrolle. Süddeutsche Zeitung 1.3.1988

59) Egon Bahr / Dieter S. Lutz (Hg.): Gemeinsame Sicherheit. Baden-Baden 1986

60) Florian Gerster: Ohne uns ist keine Politik. DIE ZEIT 3.5.1991

61) Florian Gerster: EG, NATO, WEU ? KSZE ! Vorwärts 12/1991

62) Immanuel Geiss: Das Serbien-Syndrom 1991/92. Europaarchiv 15/1992

63) Dieter S. Lutz: Militärische Gewalt - Mittel gegen den Krieg in Bosnien-Herzegowina? Sicherheit und Frieden 3/1992

64) Florian Gerster: Die UNO muß sich vor Kriegsausbruch einmischen. General-Anzeiger 13.9.1993

65) Deutscher Bundestag: Das Flugunglück in Ramstein am 25. August 1988. Bonn 1989

66) Florian Gerster: Konversion als Aufgabe für Politik und Wirtschaft. WiSt 11/1992

67) Florian Gerster: Wo Blauhelme nicht hingehören. FAZ 28.1.1994

68) Unabhängige Kommission für die künftigen Aufgaben der Bundeswehr: Empfehlungen. Bonn 1991

69) Florian Gerster: Für eine Allgemeine Dienstpflicht. Focus 43/1993

16. Biographische Angaben

Dr. Eckhard Lübkemeier

Geboren am 30.01.1951 in Bünde (Westfalen)

1969	Abitur am gymnasialen Zweig der Höheren Handelsschule der Friedrich-List-Schule in Herford
1969 - 1975	Studium der Politikwissenschaft an den Universitäten Bochum, Freie Universität Berlin und University of Minnesota, USA
1975	Examen im Fachbereich Politische Wissenschaft der Freien Universität Berlin (Dipl.-Pol.)
1976 - 1977	Forschungsprojekt über "Rüstungsindustrie in Brasilien"
1977 - 1979	Attaché-Ausbildung im Auswärtigen Amt
1979 - 1980	Tätigkeit in der Zentrale des Auswärtigen Amtes und an der Botschaft Bangkok
Okt. 1980 - Juli 1991	Wissenschaftlicher Mitarbeiter der Studiengruppe "Sicherheit und Abrüstung" im Forschungsinstitut der Friedrich-Ebert-Stiftung, Bonn
1986 - 1987	Research Fellow am Center for Science and International Affairs, Harvard University
Feb. 1990	Promotion an der Freien Universität Berlin mit einer Dissertation zum Thema "Extended Deterrence: The American Nuclear Commitment to the Federal Republic of Germany"
seit Aug. 1991	Leiter der Abteilung "Außenpolitikforschung" der Friedrich-Ebert-Stiftung

Florian Gerster

Geboren am 07.05.1949 in Worms
Verheiratet, 2 Töchter

1968	Abitur
	Wehrdienst bei der Bundeswehr; Oberstleutnant der Reserve
1970	Studium der Psychologie und Betriebswirtschaftslehre an der Universität Mannheim;
1975	Diplom-Psychologe
1976 - 1977	Persönlicher Referent
1981 - 1991	Freiberufliche Tätigkeit als Personalberater
1966	Eintritt in die SPD

Vorsitzender des SPD-Bezirks Rheinhessen
Stellvertretender Landesvorsitzender der SPD Rheinland-Pfalz
Mitglied des Parteirates der SPD

Vizepräsident des Deutschen Roten Kreuzes Rheinland-Pfalz

1974 - 1990	Mitglied des Wormser Stadtrates
1977 - 1987	Mitglied des Landtages Rheinland-Pfalz
1987 - 1991	Direkt gewähltes Mitglied des Deutschen Bundestages
1991	Minister für Bundesangelegenheiten und Europa des Landes Rheinland-Pfalz
	Mitglied des Bundesrates
1994	Mitglied im Ausschuß der Regionen der Europäischen Union

Stellvertretender Leiter der deutschen Delegation in der Nordatlantischen Versammlung
Vorsitzender des Gesprächskreises "Sicherheit und Abrüstung" der Friedrich-Ebert-Stiftung

Herausgeber der Bücher "Die linke Mitte heute" (1989;) mit Dietrich Stobbe) und "Armee 2000" (1990; mit Armin Steinkamm)
Zahlreiche Veröffentlichungen

Helmut Schmidt, Drs. h.c. Diplom-Volkswirt

1974 - 1982	***Bundeskanzler***
Seit Mai 1983	***Mitherausgeber der Wochenzeitung DIE ZEIT***

Geboren am 23. Dezember 1918 in Hamburg, evangelisch
Verheiratet seit 27. Juni 1942 mit Hannelore (Loki), geb. Glaser
Tochter Susanne Schmidt, geboren 1947

1925 - 1929	Besuch der Volksschule in Hamburg
1929 - 1937	Besuch der Hamburger Lichtwark-Schule
1937	Reifeprüfung
01.03. - 30.09.1937	Reichsarbeitsdienst
01.10. - 28.04.1945	Wehrmacht, zuletzt als Oberleutnant der Reserve und Batteriechef
29.04. - 25.08.1945	britische Gefangenschaft
1945 - 1949	Studium der Volkswirtschaft und Staatswissenschaft in Hamburg
März 1946	Eintritt in die SPD
1947 - 1948	Bundesvorsitzender der SDS
1949 - 1953	Referent, später Abteilungsleiter, danach Amtsleiter in der Behörde für Wirtschaft und Verkehr in Hamburg
1953 - 1961	Mitglied des Deutschen Bundestages
ab 1957	Mitglied des Fraktionsvorstandes
1961 - 1975	Innensenator in Hamburg
22.02.1967 - 1969	Vorsitzender der SPD-Fraktion

1967 - 1984	Mitglied des SPD-Präsidiums
1968 - 1984	Stellvertretender Parteivorsitzender der SPD
22.10.1969	Bundesminister der Verteidigung
07.07.1972	Bundesminister für Wirtschaft und Finanzen
15.12.1972 - 1974	Bundesminister der Finanzen
16.05.1974	Wahl zum 5. Bundeskanzler der Bundesrepublik
15.12.1976	Wiederwahl zum Bundeskanzler
05.11.1980	erneute Wiederwahl
01.10.1982	Ablösung als Bundeskanzler durch konstruktives Mißtrauensvotum im Deutschen Bundestag von seiten der CDU/CSU und der FDP nach Zerfall des sozialliberalen Regierungsbündnisses
Seit 1985	Vorsitz des InterAction Council (IAC) früherer Regierungschefs
1987	Ausscheiden aus dem Deutschen Bundestag
1993	Gründung der Stiftungen "Deutsche Nationalstiftung" (Weimar) "Helmut-und-Loki-Schmidt-Stiftung" (Hamburg)

Prof. Egon Bahr

geboren 1922 in Treffurt/Werra

nach 1945	Journalist, u.a. als Chefkorrespondent und Chefredakteur beim RIAS
1959	Presseattaché an der Deutschen Botschaft in Ghana
1960	Senatssprecher und Chef des Presse- und Informationsamtes in Berlin
1966	Sonderbotschafter und Leiter des Planungsstabes im Auswärtigen Amt
1969	Staatssekretär im Bundeskanzleramt. Verhandelte den Moskauer Vertrag (1970/71) und das Vier-Mächte-Abkommen für Berlin sowie den Grundlagenvertrag mit der DDR (1972)
1972	Bundesminister für besondere Aufgaben, MdB
1974 bis 1976	Bundesminister für wirtschaftliche Zusammenarbeit
1976 bis 1981	Bundesgeschäftsführer der SPD
1980 bis 1990	Vorsitzender des Unterausschusses für Abrüstung und Rüstungskontrolle des Deutschen Bundestages
1976 bis 1991	Präsidiumsmitglied der SPD
seit 1984	Direktor des Instituts für Friedensforschung und Sicherheitspolitik an der Universität Hamburg (IFSH)
1989	Ernennung zum Professor